U0137435

人生有惑
读论语

为你读诗·主编

湘人彭二·著

朱卫东·朗诵

CNS PUBLISHING & MEDIA | 岳麓书社

目录

下　编

一个门外汉的《论语》心得

很多人讲过《论语》有多重要的话，说“它是中国的《圣经》”，“不读《论语》，枉费一生”。但我不想这么说。我只觉得，《论语》和我们今天的生活很近，近到孔子就好像在人群里，在和我们说话，我们能感受到他。

有时候我想象，孔子也用手机发微信。《论语》是他每隔一段时间发在微信对话、朋友圈的东西（尽管我知道，《论语》并不是孔子写的）。“学而时习之，不亦说乎？有朋自远方来，不亦乐乎？人不知而不愠，不亦君子乎？”他在朋友圈里这么写道。

有时候他不发朋友圈了。别人就问他：“孔子，你为什么不发朋友圈了？”他说：“天何言哉？”你看见老天说话了吗？于是，我们就沉默了。

也有隐士说："孔子，你跟我们一起去隐居吧。"孔子不。他可以不发朋友圈，但始终在人群和社会中，他永远无法退群。

后来，孔子去世，学生们怀念他，在各自的微信朋友圈写下关于老师的点点滴滴。

终于，有一天，学生把所有这些微信消息、朋友圈状态编辑成一本书，这就是《论语》。

《论语》以语录体为主，叙事体为辅，每一条都很短，不正像今天的微博、微信吗？孔子的微信朋友圈里有鲁定公、卫灵公、诸多弟子和隐士，以及各种各样的人。

《论语》是一条大河。两千多年前，它从鲁国一路流淌，最后流到我们这个时代。它对我们的影响是深刻的。我们不妨去这条大河的源头走一走、看一看，回溯一下，去看看那个时代。孔子和他的学生到底说了什么，想了什么，遇到了什么，他们和我们的生活到底有没有相联系的地方，还是他们太过遥远了？

读《论语》，不仅仅把它当文字读，还可以带着它到我们生活里去，看看它跟我们的生活有哪些相贴近的地方。只有这样，文字才能变成道理，变成生命。

美国作家乔治·斯坦纳的《语言与沉默》里，有段话是这样的："我们是大屠杀时代的产物。我们现在知道，一个人晚上可以读歌德和里尔克，可以弹巴赫和舒伯特，早上他会去奥斯维辛集中营上班。要说他读了这些书而不知其意，弹了这些曲而不通其音，这是矫饰之词。这些知识应该以怎样的方式对文学和社会产生影响？应该以怎样的方式对从柏拉图到阿诺德的时代几乎成为定理的希望——希望文化是一种人性化的力量，希望精神力量能够转化为行为力量——产生影响？”

读《论语》也是这样，不是为了记住和背诵，而是把它化成生命的一部分，让它和我们产生碰撞和共鸣。

有人说,《论语》是“圣人”孔子说的，每一处都闪耀着无可置疑的、正确的光芒。如果错，也只能是我们错。是吗？孔子如果活在今天，也许他会认同这一点:《论语》可以质疑（有一个前提是，在尊重和理解原文意思的基础上）；我们每个人都可以去怀疑它，或者相信它；并且在经过人生的各种历练后，再对它做出自己的判断。

其实，我从未想过会写一本解读《论语》的书。

自小，我受这方面的熏陶少。大学读中文系，爱看现当代文学和西方文学。有老师教我们中国古典文学，但我总觉得隔膜。春风过去，春风还是春风，驴耳依旧是驴耳。

大学毕业，换了很多工作。2018年底到“为你读诗”，公众号头条多是对现代诗和外国诗歌的品鉴，我就想干吗不写写中国古代的诗人和诗歌？于是毛遂自荐，领导同意后，我就在头条开了一个新栏目，叫“诗意的人”，专写中国古代的诗人。

几年过去，我从欧阳修开始写，写了苏轼、李白、杜甫、陶渊明……越写越多，一发不可收拾。我这只驴子在中国古典诗歌的世界里越陷越深，不能自拔，乐在其中。

但我越写，也越战战兢兢，如履薄冰。

就像我不敢说完全懂得了苏轼，即使自己出了一本《人生如逆旅，幸好还有苏轼》的小书。我越读，就越发现，在苏轼的诗词背后，有一个更广阔的世界。

苏轼被贬湖北黄州，不能过问政事，也无人可以交流、讲话，他开始有大量的时间研习经典，写下《易传》和《论语说》。

在《黄州上文潞公书》中，他说道：

“到黄州，无所用心，辄复覃思于《易》《论语》。端居深念，若有所得，遂因先子之学，作《易传》九卷。又自以意作《论语说》五卷。穷苦多难，寿命不可期，恐此书一旦复沦没不传，意欲写数本留人间。念新以文字得罪，人必以为凶衰不详之书，莫肯收藏。又自非一代伟人不足托以必传者，莫若献之明公。而《易传》文多，未有力装写，独致《论语说》五卷。公退闲暇，一为读之，就使无取，亦足见其穷不忘道，老而能学也。”

于是，我又开始读《论语》《诗经》《道德经》《庄子》《金刚经》……

这本小书，便是我读《论语》的一点体会。它主要分为两部分：一部分是在电脑上所写，略显正式、严肃和书面，这是我对《论语》整体的一次鸟瞰；另一部分是我在“为你读诗”《论语》共读营和学员做的分享。很多个夜晚，在公司我的座位前，一个手机群里，利用现代技术，我对着天南海北、素不相识的一群人聊《论语》里我最感兴趣的章节，一共十五个晚上，每次四十五分钟。《论语》共二十篇，因为时间关系，我只讲了十五篇，而且每篇的章节也有所选择。它的整体气氛是散漫的、轻松的、信马由缰的。但其中，也有紧张和严肃的时刻。

在《论语》共读营结束，我曾这样写道：

“我也紧张，犹豫，沉默，不知所措。有时候我写一点文字，以备在记忆卡壳的时候拿来朗读。有时候我放弃了，一切天马行空，看命运到底将我带往何处。面对我乱糟糟的办公桌时我会怀疑，那些我从未见过的人会喜欢我说话吗？时间怎么这么慢？时间怎么又那么快？我还有很多话想说，可我刚想到的、要说的那句话又到底去了哪里？谁在公司外面敲门？是快递员、公司同事，还是物业公司的人？有风吹来，我好像忘记关上了身后的窗户。一切事情一旦开头，就会有结束。下次共读见。”

谢谢每一位，请诸君指正。

上编

学习

永远不要闭塞自己的心灵

在整个人类历史上，知识从没有像今天这样普及过。但我们真的比孔子和苏格拉底懂得更多吗？

子曰：“学而时习之，不亦说乎？”

这是《论语》开篇第一句话，似乎太平易，太浅白。很多第一次读《论语》的人恐怕会失望。这就是被尊为万世师表的“圣人”孔子和我们说的第一句话？

《道德经》第一句话：“道可道，非常道；名可名，非常名。”深奥而玄妙，很多学者琢磨了一辈子也没搞明白老子说的“道”

到底何意。

庄子写《逍遥游》，第一句话也让人心荡神驰，佩服不已。“北冥有鱼，其名为鲲。鲲之大，不知其几千里也。化而为鸟，其名为鹏。鹏之背，不知其几千里也。怒而飞，其翼若垂天之云。”真是极具浪漫主义精神和非凡想象力的庄子！

因此，德国伟大的古典哲学大师黑格尔觉得《论语》没有什么。北京大学教授李零说：“西人读《论语》，有一种难以驱散的印象，就是淡流寡水。比如，詹启华的书有幅插图《书房里的孔子》，可以反映西人对孔子的流行印象：孔子不过是个平庸的智者。画面上，孔子拿根鹅毛笔，正伏案写字，黑板上是他的格言：路上可能有雾，开车要小心；别让床上的臭虫咬了；因为外面下雨，只好待在家里……”

其实，不只西方人读《论语》会觉得无聊，今天一些中国人来读也会觉得它并无多大稀奇。但儒家的根本精神就在这里：平易却深沉，只有你经历到了才能体悟到。就像孔子用极平易的一句话告诉我们，学习，不断地学习。只有当你学到了某种程度，你才能体会那种程度中的快乐。

所以，学习无穷，快乐无穷。人应该要认识到自己的局限，人应该有一种精神的自觉；人应该不断超越，提升自我。而要做到这些，唯有学习。

我们今天的人对“学习”这个词并不陌生。从小学到中学再到大学，到走入社会、参加工作，我们都在学习。但我们想过吗，学习，到底为了什么？学习和我们自己的生命到底有何关系？

孔子的学习，是为了成为一位君子、一个仁人。他学的每个方面，礼、乐、射、御、书、数，都和提升生命有关。他通过学，成为后世仰望的人物。

颜渊喟然叹曰：“仰之弥高，钻之弥坚。瞻之在前，忽焉在后。夫子循循然善诱人，博我以文，约我以礼，欲罢不能。既竭吾才，如有所立卓尔。虽欲从之，末由也已。”

——《论语·子罕》

孔子的弟子颜渊感叹道：“我仰望老师孔子的道德学问，真是越仰望，越觉得崇高；越努力钻研，越觉得深厚坚实。一会儿看它在前面，一会儿却又像在后面。老师一步步引导我，是多么循循善诱啊。他用文章来开阔我、丰富我，用礼来约束我。我真是想要停止学习，都不可能。我用尽全力，可老师的道还在我前面矗立。我想要追随上去，却怎么也办不到！”

颜渊是孔子诸弟子中最好学的人了。可和老师相比，他也说自己望尘莫及。

但孔子并不认为自己是一个超凡脱俗者，也不认为自己天资聪慧，他只承认自己好学，像一块海绵吸收和接纳外部世界，因此成为一个渊博的人。

孔子对学习，始终保持一种谦虚的态度。他的言行很容易让人想起另一位古希腊著名的哲人：苏格拉底。作为全希腊公认最有智慧的人，他说，如果自己有什么与众不同的话，那就是他知道自己的无知。

在这个时代，当我们对很多事物开始抵制、不信任甚至妖魔化时，我们是否意识得到自己的无知？而在探索外太空的道路上，人类的未来会不会如科幻作家刘慈欣的那句话："说好的星辰大海，你却只给了我 Facebook。"

我们是爱学习的人，因为我们知道"学习"牵引着我们靠近更好、更谦逊也更清醒的自己。也是"学习"，让我们齐聚在这里，共读《论语》，享受在人类中找到同类的喜悦，享受智慧增长的愉悦。

学有所思，学有所成。让我们就从《论语》里孔子的这些话开始吧。愿我们始终怀着学习的心态，拥有一颗敞开的心灵，而不是变成一堵冷漠的、不愿倾听任何声音的墙。

学而时习之，不亦说乎？

——《论语·学而》

学而不思则罔，思而不学则殆。

——《论语·为政》

默而识之，学而不厌，诲人不倦，何有于我哉！

三人行，必有我师焉：择其善者而从之，其不善者而改之。

其为人也，发愤忘食，乐以忘忧，不知老之将至云尔。

——以上三句，均出自《论语·述而》

快乐

我们这个时代的奢侈品

如果有一所教我们如何获得“快乐”的学校，孔子是最合适的校长。

作为校长，他可能会根据自己的体会，列一个如下的“快乐清单”：

1. 读诗，写诗，与人交流诗。所以《论语》里，孔子和弟子交流，不时会蹦出一句诗歌：“‘巧笑倩兮，美目盼兮，素以为绚兮。’何谓也？”我们是被诗歌养育的国度，我们是写诗的民族。孔子说：“《诗》三百，一言以蔽之，曰：‘思无邪’。”

一次，孔子看见儿子孔鲤从面前走过，就问他：“有学诗吗？”孔鲤老实回答：“还没有学。”孔子就说：“不学诗，何以言！”孔鲤就回去学诗了。

2. 听音乐。音乐，尤其是高雅音乐，它的美好难以表达，只能静静体悟。孔子曾在齐国听到韶乐，三个月不知道肉味，脑海里总是回响着它。他说：“想不到音乐的美，能达到这样迷人的地步！”羡慕孔子，今天的我们能吃到各种肉，但听不到韶乐了。

3. 学一两件乐器。孔子曾向音乐大师师襄子学琴。他反复钻研，不断体会琴曲内涵，直到仿佛读懂了乐曲里人物的形象。孔子说：“我知道他是谁了：他皮肤黝黑，体形颀长，目光明亮而远大，像个统治四方诸侯的君王。如果不是周文王，还有谁能创作这首乐曲呢！”师襄子赶紧起身再拜，答道：“我的老师说，这的确是《文王操》。”

4. 和一条河交朋友。年轻时去看它，年老时去看它，快乐时去看它，悲伤时也去看它。我们陪伴河水，河水也陪伴我们，因为我们本身也是一条河流。孔子说：“逝者如斯夫！不舍昼夜。”

或者，也可以和孔子所赞同的曾皙一样，在暮春时节，穿上春装，邀上三五好友、六七个孩童，一起到河中洗澡，之后到河边的亭台上吹风，然后一路唱着歌回去。

5. 养成高品位的读书爱好。读好书，和书里最伟大的灵魂和思想相遇。孔子到晚年研究《易》，越读越感到它的博大精深。他读《易》很勤，以至于把编书简的皮绳都磨断多次。孔子还说：“再让我多活几年，这样的话，我对《易》学的研究就可以无憾了。”

6. 写作。孔子说：“君子最遗憾的，就是死后没有留下好名声。我的救世理想无法达成，我要用什么来贡献社会，留名后世呢？”他便写了《春秋》。孟子说：“孔子作《春秋》而乱臣贼子惧。”

7. 在现实生活里，交几个有情有义的朋友。孔子说：“有朋自远方来，不亦乐乎？”孔子的一个朋友去世，没有人帮忙收殓。孔子说：“由我来操办丧事吧。”

8. 去旅行。孔子五十五岁离开鲁国长期旅行，看到各种各样的人，经历了各种各样的事，大难不死，愈挫愈勇，十四年后回到鲁国。

9. 美食。能过饮食简朴的生活，也懂得饮食的艺术。“食不厌精，脍不厌细。”

10. 当一位好老师，教出一群有出息的学生。列于孔子门下的学生大约有三千人，而精通六艺的有七十二人。受到孔子教诲、没有正式入籍的学生，更是数不胜数。老师之乐，用孟子的话来说，就是：“得天下英才而教育之。”

……

如果看完“快乐清单”，还无法快乐，孔子也许会带我们去见一个人，一个全天下最快乐的人：颜回。

子曰：“贤哉，回也！一箪食，一瓢饮，在陋巷，人不堪其忧，回也不改其乐。贤哉，回也！”

——《论语·雍也》

孔子说：“真是个贤人啊，颜回！用一个竹筐盛饭，用一只瓢喝水，住在穷苦简陋的小屋里，别人都感到忧愁，颜回却能不改他的快乐。真是个贤人啊，颜回！”

孔子并不痛恨金钱，他说：“富而可求也，虽执鞭之士，吾亦为之。如不可求，从吾所好。”他也并不是要所有人去追求贫贱。相反，他认为一个好的国家，如果人民都是贫贱的，是非常可耻的。孔子多次在《论语》里赞美颜回，只是想告诉人们，快乐有两种：一种短暂，它完全依赖外部条件才能得到；另一种是更深层次的快乐，更加持久，它仅靠个人自己，就能创造出来。

因此，和很多人相比，颜回是最快乐的人，孔子也是。

孔子一生，始终有一个根本的向往，就是他对自我意义的追寻和人生价值的渴求。要做一个什么样的人，要为什么样的事业奋斗终身？孔子找到了，坚守住了，直到死也不后悔。权力也罢，金钱也罢，威胁也罢，批评和善意的劝阻也罢，孔子始终坚定地走在追寻“道”的路上。这成为他快乐的原动力以及一生幸福的源泉，死亡也无法剥夺。孔子说：

朝闻道，夕死可矣。

——《论语·里仁》

在今天，金钱正把每个个体逼入绝境。如果我们的幸福、婚姻、爱情、工作，都以金钱为唯一的衡量标准，那么，我们也终将失去快乐，失去幸福。

敬畏

头顶有星空，心中有使命

人，不能没有敬畏之心。就像万籁俱寂、夜深人静时，人看到头顶满天的繁星，感到美，感到震撼，感到神圣而庄严。

所以，康德说：“世界上有两件东西能震撼人的心灵：一件是我们心中崇高的道德标准，另一件是我们头顶上灿烂的星空。”

孔子则云：

君子有三畏：畏天命，畏大人，畏圣人之言。小人不知天命而不畏也，狎大人，侮圣人之言。

——《论语·季氏》

孔子说："君子有三种敬畏：敬畏天命，敬畏王公大人，敬畏圣人的言论。至于小人，不知道天命不可违抗，所以不敬畏它；轻视王公大人，侮慢圣人的言论。"

什么是天命？在孔子眼里，天命包含着命运与使命。面对广袤神秘的星空，孔子一定也无数次向天发问："到底我孔子的使命是什么？"

天何言哉？四时行焉，百物生焉，天何言哉？

——《论语·阳货》

孔子说，天何言哉？正是如此。四季轮转，周而复始，万物生长，然而天不开口说话。

有些人活在世上，并不思考自己有何使命，孔子则一定要知道。而天命又为什么这么重要呢？孔子说："不知命，无以为君子也。"

孔子一生的目的，是成为君子和仁者。他希望通过从政，影响更多人，造就更多的君子，以促进整个社会道德水平的提升。他说："五十而知天命。"五十五岁，他离开了不能施展抱负的鲁国，带着天命踏上求道之途。往后十四年间，他在各国间辗转、漂泊、流浪，不断寻求出仕的机会。

因为敬畏天命，因为选择了天赋予的、有使命感的工作，所以孔子无所畏惧，“知其不可而为之”。而孔子自己，也获得了天赐予的崇高和伟大。

子畏于匡，曰：“文王既没，文不在兹乎！天之将丧斯文也，后死者不得与于斯文也；天之未丧斯文也，匡人其如予何？”

——《论语·子罕》

在匡地，孔子被一群暴民围困，随时有性命之忧。弟子们担心不已，孔子却说：“周文王死后，文明礼乐不是保存在我身上了吗？如果上天要消灭这些文明礼乐，那我这个后死之人也就不会掌握它们了。如果上天不想去除这些文明礼乐，匡地的人能把我怎么样呢？”

仪封人请见，曰：“君子之至于斯也，吾未尝不得见也。”从者见之。出曰：“二三子何患于丧乎？天下之无道也久矣，天将以夫子为木铎。”

——《论语·八佾》

有仪地的长官想求见于孔子。他说：“凡有贤人君子过此，我没有一位不去拜见的。”孔子的弟子引他去见孔子。他出来后，对孔子的弟子们说：“你们何必为你们老师没有官位而发愁呢？天下无道很久了，上天将把夫子当作摇铃的木铎，来传道于天下。”

可是，既然孔子肩负天赐予的使命，天为什么不庇护他，又给他那么多磨难，天为何如此呢？

子曰：“若圣与仁，则吾岂敢？抑为之不厌，诲人不倦，则可谓云尔已矣。”公西华曰：“正唯弟子不能学也。”

——《论语·述而》

孔子没有埋怨，他从不自比于天。他心怀敬畏，也不自诩为圣人。他对弟子说：“如果说我是圣人和仁人，那我怎么敢当呢？我不过是朝着圣与仁的方向去努力做而不厌倦，对于教导别人也不感到疲倦罢了。”

这是心中有敬畏的人说出的话。

信任

相信自己，相信他人，相信社会

相信爱人，相信亲人，相信朋友，相信你身边的人，也相信陌生人不会害你。相信国家，相信政府，相信媒体，也相信专家的观点是基于理性和客观。相信自己的生活在变得越来越好，相信整个社会在朝着更健康和文明的方向发展，相信我们能创造一个更美丽的未来。

相信，何其重要。无论对于国家，还是人民。

> **子贡问政。子曰：“足食，足兵，民信之矣。”**
>
> **子贡曰：“必不得已而去，于斯三者何先？”曰：“去兵。”**

子贡曰：“必不得已而去，于斯二者何先？”曰：“去食。自古皆有死，民无信不立。”

——《论语·颜渊》

弟子子贡向老师问为政之道。孔子说：“粮食充足，军备充足，民众信任政府。”子贡又问：“如果迫不得已要去掉一个，三项中先去掉哪一项呢？”孔子说：“去掉军备。”子贡说：“如果迫不得已，要在剩下的两项中再去掉一项，先去掉哪一项呢？”孔子说：“去掉粮食吧！自古以来，人谁不死？如果不能取信于民，那么国家将不成为一个国家。”

孔子认为，信，是国家最重要的资产。一个国家，可以没有粮食，没有武器，但不能丧失民众对它的信任。信，是一个国家最该坚守的东西，也是一个国家最后失去的东西。而一旦失去，国将不国。

在《论语·为政篇》，孔子又一次提到“信”：

子曰：“人而无信，不知其可也。大车无𫐐，小车无軏，其何以行之哉？”

钱穆对这句话的理解是：“人类若相互间无信心，我不知还能做得些什么。正如车上的辕木与横木间，若没有了个灵活的接榫，无论大车小车，试问如何般行进呀？”

文中的“信”，一般有两种解释。辜鸿铭等人认为是“信誉、信用”，钱穆则认为是“信心”。

两者有共通之处，但相比较而言，钱穆的理解也许更符合孔子的原意。

车的辕木与横木，就好像人群。人与人之间，就是用信任和信心建立关系，彼此依靠，使群体得以成立，使社会能够正常运转，使车能够行驶。

因此，信成为孔子思想的重要内涵，后来也是儒家最重视的品德之一，是儒家五常“仁、义、礼、智、信”之一。

在今天，我们也身处一个失信的时代。

借别人的钱，他会还吗？买的婴儿奶粉，会不会有质量问题？老师和学生，家长和学校，领导和下属，同事与同事，室友和室友……可以彼此信任吗？

各种保健品广告轮番轰炸，你让父母多加小心。一些热点新闻事件，使得政府、专家及媒体的公信力受损。甚至最亲的家人和爱人之间，也不断有背信弃义的事情报道出来。对此，你该如何办？

让我们从自己做起，从身边做起。只有人和人相互信任的社会，才是一个良好的社会。只有给人信心和希望的国家，才是好的国家。

信念

在自己身上，克服这个时代

未来的人们如何评价我们，以及我们这个时代？他们会觉得，这是伟大的时代吗？他们会觉得，我们是值得赞颂并让他们骄傲的人吗？

遥想两千多年前的孔子，他生活在最残酷、最混乱的春秋战国时代。大国争霸厮杀，小国苦苦挣扎，国君大臣、文人大夫、黎民百姓，所有人都做出了自己的选择。有的积极，有的消沉；有的入世，有的退隐；有的追逐名利，有的沉溺于欲望和权力……孔子也做出了他的选择。

他不断提升自己，力图做一个仁者。他推广仁的思想，想改变国家和时代。

在鲁国，孔子看到君王不听劝告，只顾享乐，荒废国政，便离开了。

他到了卫国，看到君王更爱慕武力，对德行没有兴趣，于是失望地离开了。

他到了宋国，宋国的权臣把他给弟子讲课处的大树都给砍了，想加害他。孔子只好离去。

他在陈国住了三年，陈国忙着打仗，无暇顾及孔子。他又走了。

在《论语》和司马迁写的《史记·孔子世家》里，我们看到了一个孤独行走的孔子的背影。

他东奔西走，四处漂泊，在各国寻找实现理想的机会。君王们像走马灯一样路过他面前，没有人搭理他。孔子也碰到农民、狂客，还有那些弃官不做、逃遁山林的人，包括隐士和逸民。他们嘲笑他，挖苦他，同情他，劝告他，孔子都照单全收。他不生气，不争辩，不愤怒，继续走自己的路。

孔子离祖国越远，离心中的道就越近，离他心中的仁就越近。

被困于陈、蔡两国边界时，孔子和他的弟子绝粮七日，喝的野菜汤里没有一粒米。弟子们都很饿，神情十分疲惫，体质很差的颜回在屋外择野菜，独有年纪最大的孔子在屋内弹琴唱歌。

子路与子贡不明白，互相谈论说：“老师两次被赶出鲁国，又逃离卫国，在宋国的树下讲学，连树都被别人砍掉，在陈、蔡两国又陷入困厄的境地。图谋杀害老师的，没有被治罪；凌辱老师的，没有被禁止。可老师还继续弹琴吟唱，没有停止过。难道，君子就不知羞耻到这种地步吗？”颜回听了，不知如何回答，进屋把子路和子贡的话报告给孔子。

孔子推开琴，说了一段话。这段话如黄钟大吕，震古烁今：

> **孔子曰：“是何言也！君子通于道之谓通，穷于道之谓穷。今丘抱仁义之道以遭乱世之患，其何穷之为！故内省而不穷于道，临难而不失其德。天寒既至，霜雪既降。吾是以知松柏之茂也。陈、蔡之隘，于丘其幸乎。”**
>
> **——《庄子·让王》**

孔子说：“你说的这是什么话！君子明白大道的，称为‘通达’；君子不明白大道的，称为‘穷困’。现在我孔丘抱持着仁义的大道，遭遇乱世的灾祸，哪里是什么穷困呢！所以，内省而明白大道的所在，临到灾难来了，而不失去自己的品德。天寒既至，霜雪降下来，我才得以知道松柏的茂盛。在陈地和蔡地所遭受的困苦，对我来说，还是幸运的呢。”

说完，孔子又平静地弹起琴、唱起歌来。子路受了鼓舞，随着音乐，奋勇地拿着盾牌起舞。子贡感慨地说：“我不知道天有多高，地有多厚啊！”

作家李敬泽曾评价说：“这是中国精神的关键时刻，是我们文明的关键时刻，如同苏格拉底和耶稣的临难。孔子在困厄的考验下使他的文明实现精神的升华，从此，我们就知道，人还有失败、穷困和软弱所不能侵蚀的精神尊严。”

子曰：“岁寒，然后知松柏之后凋也。”

——《论语·子罕》

有幸福的时代，也有不幸的时代；有愚蠢的时代，也有智慧的时代；在有些时代，智慧和愚蠢并存，幸福和不幸交织。无论碰到什么，无论身处什么时代，孔子告诉我们，不要抱怨，不要放弃，更不要变节、妥协甚至自杀，即使经历再多苦难，也要守住心中的仁，心中的道。因为这，才是君子。

孔子说：“我欲仁，斯仁至矣。”尼采说：“在自己身上，克服这个时代。”

礼制

与他人非竞争地共存

有无数个孔子的形象。其中一个，便是那克己复礼，注重内心修养，对人对事处处有礼的孔子。

乡人饮酒，杖者出，斯出矣。

——《论语·乡党》

同本乡人在一块儿饮酒，等老年人都出去了，孔子自己才出去。

子见齐衰者、冕衣裳者与瞽者，见之，虽少，必作；

过之，必趋。

——《论语·子罕》

孔子看见穿丧服的人、穿着官服的人和瞎眼的人时，即使他们很年轻，孔子也一定从座位上站起来。如果从他们面前经过，也一定快步表示敬意。

子曰："君子无所争。必也射乎！揖让而升，下而饮。其争也君子。"

——《论语·八佾》

孔子又说："君子没有什么可与别人争的事情。如果一定要有，那就是比赛射箭吧。比赛时，相互作揖，走到堂上去。比赛后，又都拱手作礼，互相谦让着退下。胜者败者都一起举杯对饮。这样的竞争，才是君子之争啊。"

孔子的这种礼让，在今天的某些人看来，很奇怪。这种礼让，不是怯懦的表现吗？不是能力不够的表现吗？怎么可能让人在今天激烈的竞争社会里立于不败之地？

安徒生有篇广为人知的童话《丑小鸭》。一枚蛋被一只母鸭孵出来，样子很丑，它被叫作丑小鸭。它竞争不过人家，到处挨打，被排挤，被讥笑。鸭群不能容纳它，鸡群不喜欢它，连喂鸡的女用人也用脚踢它。于是它只好逃走。

它经历了很多困难，被一群美丽的天鹅吸引，向它们游去，它宁愿死在它们旁边。但结果，它被人们认出，它是一只最美丽的天鹅，而不是一只丑小鸭。它感到幸福，但一点也不骄傲，因为它有一颗好的、永远也不会骄傲的心。

和丑小鸭的故事类似，美国作家怀特写过另一篇童话《夏洛的网》。一只叫威尔伯的小猪天生有残疾，竞争不过人家，它的命运已经注定，就是在圣诞节被杀掉，做成熏肉火腿。但它的经历打动了一只叫夏洛的蜘蛛，它决定要救威尔伯。它用自己的方法，让农场主和周围所有人相信，威尔伯是一头神奇的猪，不应该死。最后，威尔伯得救了。

在人世间，在人与人的相处中，是不是也有不带竞争的那种关系呢？或者像孔子说的“君子之争”？

在安徽省桐城市，有一条六尺巷。这条巷的诞生，和清康熙年间一个叫张英的文华殿大学士有关。

他家的府第与一户吴姓人家相邻。吴姓人家盖房，想要占他门前空地。双方发生纠纷，告到县衙。因两家都是高门望族，县官不敢断案。

张家人一气之下写信给张英，要他出面解决。张英回信附上一首诗："千里修书只为墙，让他三尺又何妨？长城万里今犹在，不见当年秦始皇。"家人看后，便主动让出三尺空地。吴家见状，深受感动，也主动让地三尺，"六尺巷"由此得名。

正常的竞争是好的，也值得提倡，它给人生创造出意义。但过度的竞争，或者通过不正当手段的竞争，乃至扭曲了人性的竞争，不是君子所为，为孔子所反对。因为这只会破坏社会的风气和秩序，给社会和国家带来无穷的灾祸。

"他人不是地狱。"世界因礼变得更加和谐，我们因礼变得更加良善，更加文明。

交友

朋友圈之大，如何找一个真朋友?

朋友圈之大，朋友何在?

“有朋自远方来，不亦乐乎？”孔子是有朋友的，所以朋友远道而来，是他最快乐的事。曾有弟子问孔子志向，他说:“老者安之，朋友信之，少者怀之。”他希望朋友们能够信赖他。

朋友死，无所归，曰：“于我殡。”

——《论语·乡党》

孔子的一个朋友死了，没有人料理他的后事，孔子说:“由我来料理丧事吧。”

朋友需要经受住考验。有两个相关的金句，一个是俄罗斯作家克雷洛夫贡献的。他说：“你遇到困难时，把朋友们找来，你会得到各种好的忠告。可是，只要你一开口提到实际的援助，你最好的朋友也装聋作哑了。”

另一个金句来自美国的马克·吐温。他的话总是很幽默，却又一针见血。他说：“神圣的友谊如此甜蜜、忠贞、稳固而长久，以致能伴随人的整个一生——如果不要求借钱的话。”

让朋友入土为安，是孔子作为朋友的情义。而能与孔子这样侠肝义胆的人交往，实在是人生幸事。

但孔子这样一个人，对朋友也有自己的要求。

孔子曰：“益者三友，损者三友。友直，友谅，友多闻，益矣。友便辟，友善柔，友便佞，损矣。”

——《论语·季氏》

孔子说：“有益的朋友有三类，有害的朋友也有三类。和正直的人为友，和诚信的人为友，和见多识广的人为友，那是有益的。和装腔作势的人为友，和刻意讨好的人为友，和花言巧语的人为友，那是有害的。”

因为朋友是重要的，所以《论语》里说：“君子以文会友，以友辅仁。”君子以礼乐文章来与朋友相聚，再彼此辅助，提高仁德的修养。所以朋友有了错误，孔子也一定会指出。

子贡问友。子曰：“忠告而善道之，不可则止，毋自辱焉。”

——《论语·颜渊》

子贡问与朋友相处之道。孔子说：“朋友有不是，要真诚相告，又需委婉开导。他如果不听从，就停止不说，不要自取其辱。”

孔子告诉弟子，和朋友相处，也是一个柔性的过程。作为朋友，要诚实，但也要讲究方法。

为什么要讲究方法呢？因为即使是朋友，也不能完全强制。没有人可以单方面做主，朋友是一种互动的关系。朋友没有意识到自己的错误，也许是另有隐情，也可能是他还没到醒悟的时候。

但一定要诚实，因为这是朋友关系的起点。而在手机朋友圈，你如何去表现这种诚实，并且发现更多诚实的朋友呢？

在朋友圈里，有人买买买，有人到处玩；有人总发小广告，有人是工作狂；有人创业，有人做微商，还有人做代购……要一个人在朋友圈真实、真诚地面对自己，袒露自己，这很难。而要别人去发现它，就更难。于是彼此提防，彼此掩饰，彼此欺骗，朋友便是个遥远的梦了。

子曰：“二三子以我为隐乎？吾无隐乎尔。吾无行而不与二三子者，是丘也。”

——《论语·述而》

孔子说：“你们以为我有什么事情隐瞒你们吗？我对你们毫无隐瞒，我所做的事情没有不向你们公开、不让你们知道的，这就是我的为人。”

朋友，不是一个虚假的面具，而是和你共同进退、彼此相助的一个真实的人。这是孔子教给我们的朋友之道。只有全心全意投入相处，诚实面对，才可能收获一份沉甸甸的、真诚的友谊。

祝你好运。

孝悌

这个时代，孝道过时了吗？

《二十四孝》里有一个可怕的故事，叫“郭巨埋儿”。

是说一个叫郭巨的人，他的家境十分贫穷，而他妻子又生下一个孩子，家里负担更重了。但郭巨的母亲非常疼爱孙子，自己舍不得吃饭，把仅有的口粮留给孙子吃。

郭巨深感不安，便和妻子商议：“儿子可以再有，母亲死了不能复活。不如埋掉儿子，节省粮食以供养母亲。”

他们便挖坑埋儿，结果挖到一坛黄金。于是，夫妻有钱孝敬母亲，而孩子也得救了。

“郭巨埋儿”的故事很有名，鲁迅小时候也听过。他觉得很恐怖，因为他家的境况当时也很糟糕。他非常担心父亲会学郭巨，为了全家人的活路，把自己埋了。

后来，鲁迅在文章里回忆说："然而我已经不但自己不敢再想做孝子，并且怕我父亲去做孝子了。家景正在坏下去，常听到父母愁柴米；祖母又老了，倘使我的父亲竟学了郭巨，那么，该埋的不正是我么？如果一丝不走样，也掘出一釜黄金来，那自然是如天之福，但是，那时我虽然年纪小，似乎也明白天下未必有这样的巧事。"

关于孝悌，不仅鲁迅，现代中国的文化精英对此都有很多批评的声音。他们把中国的落后算到儒家的头上，将矛头直指孔子，也指向孝道。

因此，在今天，很多人心目中，孝仍然是专制和压抑人性的代名词，阻碍社会进步。但孔子说的孝悌，真的是这样吗？

回到《论语》，来看看孔子怎么说。

孔子提到了孝的重要。他提倡孝，是作为行善的基础，根本上是为了践行仁。

君子务本，本立而道生。孝弟也者，其为仁之本与？

——《论语·学而》

孔子讲，要照顾、敬爱、顺从父母，却并没有要求子女对父母一味盲从。

《论语·里仁篇》记载：

子曰："事父母几谏，见志不从，又敬不违，劳而不怨。"

孔子说："子女侍奉父母，如果父母有过错，要委婉地向他们劝谏，把自己的意见表达出来。如果父母没有听从，子女依然要敬重他们，不要违逆。虽然很操劳，但不要心生怨恨。"

在这里，孔子没有要子女放弃原则，只是告诉子女不要失去对父母的敬意。

在《论语》里，孔子多次提到君臣、父子、师生、长幼等关系。在孔子眼里，它们不是单向度的、仅仅一方对另一方的关系，而是一种双向的、互动的、考虑彼此生命感受的关系。

在各种关系中，孔子认为，最好执中道而行。

子曰："中庸之为德也，其至矣乎！民鲜久矣。"

——《论语·雍也》

孔子说："中庸这种德行，可算是最高的了！但长期以来，很少有人能做到了。”

“中庸”是儒家思想的核心概念之一，是最高的德行。中庸不是骑墙、软弱，而是待人接物保持中正平和，不走极端，充分考虑对立双方各自意见，进行调和与均衡，以达到事物的完满状态。

因此，在《论语》里，也不存在单方面子女对父母的孝，而只有对父母的忠和顺从。孔子也曾说过，做人要把握尺度，因为“过犹不及”，所以他自己更不会去提倡过分的、违反了人性的孝悌，就像《二十四孝》里的“郭巨埋儿”。

《孔子家语》里还记载了一件事情：孔子的弟子曾参在瓜田锄草，错把瓜苗的根锄断了。他的父亲曾皙很生气，拿大棍子打他。曾参倒在地上，好久才苏醒过来，还关心地询问父亲：“刚才我得罪了父亲大人，大人用力教训我，没有伤着吧？”然后退回房中，弹琴唱歌，想让父亲听见，让他别为儿子的身体担忧。别人都认为曾参孝顺，曾参也觉得自己做得不错，但孔子听说后很生气。

孔子说：“曾参没有听过舜的故事吗？舜的父亲想使唤他的时候，他没有不在身边的；但是要找他、把他杀掉时，却怎么也找不到。用小棍子打，他就忍着。用大棍子打，他就逃跑。所以舜的父亲才没有犯下不遵行父道的罪，而舜也没有失去尽孝的机会。现在曾参让父亲暴怒鞭打，打死也不躲避。这样做，自己死了还要陷父母于不义，不孝还有比这更大的吗？曾参难道不是天子的子民吗？杀死了天子的子民，有哪样罪比这个更大呢？”

由此看来，孔子认为，孝不是百依百顺，更不是不问对错，一切都是为了达到仁。

还是曾参，在《论语·泰伯》里，也有一小段有关他的描述：

曾子有疾，召门弟子曰："启予足！启予手！《诗》云：'战战兢兢，如临深渊，如履薄冰。'而今而后，吾知免夫！小子！"

曾子重病，把他的弟子召集过来，说："看看我的脚，看看我的手。《诗经》上说：'小心呀，小心，好像面临着深渊，又好像走在薄薄的冰层上。'从今以后，我才知道自己可以免于祸害刑戮了。小子们！"

曾参是一个孝子，到死也想着不能把自己的生命轻贱了，因为这是父母给他的，所谓"身体发肤，受之父母"。

孝，不仅是对父母的敬爱，也是对自己身体和生命的爱惜，把父母好的品格继承下去，让父母和家族感到荣耀。

我们每个人是从哪来的？是从父母、从家族里来的。我们是一个独立的人，这没有错，但我们有来处，也有去处。我们应该感激父母给了我们生命，我们也带着这种感激，把父母对我们的爱，延续给子女后代。于是，我们的爱、亲人的爱、家族的爱、人类的爱，一代又一代就在世间繁衍、生长。

勇气

心底明亮，则不忧不惧

孔子有忧惧的吗？有，这便是父母。

子曰："父母之年，不可不知也。一则以喜，一则以惧。"

——《论语·里仁》

孔子说："父母的年岁，不可不常记在心呀。叫你一想到，又是欢喜，又是忧惧。"为什么欢喜呢？因为父母还健在，作为子女还有机会尽孝。那又为什么忧惧呢？因为父母在一天天衰老，作为子女怎能不担心呢。

孔子的父亲在他三岁时就去世了，留下他和母亲相依为命。孔子十六岁时，母亲也离开了他，孔子为母亲守丧了三年。从此，他就无所忧惧了。

孔子不为钱忧惧。他培养出许多学生，有人甚至成为首富。但他最欣赏的，还是最没钱的颜回。

子曰："贤哉，回也！一箪食，一瓢饮，在陋巷。人不堪其忧，回也不改其乐。贤哉，回也！"

——《论语·雍也》

同样是穷，别人忧愁、恐惧，颜回却安贫乐道。这很像孔子，因为孔子就是一个安贫乐道的人。

子曰："饭疏食饮水，曲肱而枕之，乐亦在其中矣。不义而富且贵，于我如浮云。"

——《论语·述而》

孔子也不为自己的前途忧惧。找不到工作，没有官做，他也不愿牺牲自己坚守的道德，走快捷的方式以获得权力。他曾做到鲁国的大司寇，代理相国职务。这是许多人梦寐以求的职位，但孔子觉得，“不义而富且贵，于我如浮云”。他辞职了，出国，流亡十四年。

孔子也不忧惧于威胁，不愁苦于即将到来的死亡。

在流亡的路上，宋国的司马桓魋要带兵加害孔子。当时，孔子正给众弟子们在大树下讲课，桓魋的人砍倒了大树，还要杀孔子，孔子并不害怕。

子曰：“天生德于予，桓魋其如予何？”

——《论语·述而》

孔子说：“上天把德赋予了我，桓魋能把我怎么样呢？”

真正的仁者，没有私欲，我心光明，所以不会患得患失，面对任何挫折都有一颗强大的内心。

孔子更严重的一次死亡威胁，是在陈蔡之地绝粮七日。弟子们又忧又惧，唯有孔子平静地弹琴吟唱。

子曰：“知者不惑，仁者不忧，勇者不惧。”

——《论语·子罕》

这就是仁者，这就是仁人。把应该坚守的坚守住了，把能做的都做了，坦然地接受结局，哪怕是最坏的那个结局。

孔子以自己的经历，给学生上了生动的一堂课。

行路

跟着《论语》去旅行

《论语》不是一本讲述旅行的书，但只要留意，我们就能看到一个在路上的孔子。

子曰："周监于二代，郁郁乎文哉！吾从周。"

——《论语·八佾》

孔子说："周代的礼仪制度借鉴了夏代和商代的成果，多么灿烂的文化啊！我遵从于周代。"

说这句话的时候，孔子一定是想起了早年去过的洛阳。那是周王室的所在，是历史悠久的京城，保留了最完备的周代礼仪制度，而且大思想家老子也在那里。洛阳之行，一定终生铭刻在孔子的记忆里。

长沮、桀溺耦而耕，孔子过之，使子路问津焉。

——《论语·微子》

孔子驾车，迷失了方向，叫弟子子路去问两个农夫，过江的渡口在哪里？

子曰："吾自卫反鲁，然后乐正，《雅》《颂》各得其所。"

——《论语·子罕》

孔子说："我从卫国回到鲁国，把音乐进行了整理，《雅》和《颂》都有了适当的位置。"这句话很可能出自孔子晚年。

从卫国回到自己的国家鲁国，孔子结束了一生中最漫长的一次旅行。他出发的时候是五十五岁，回来时已经六十八岁。他在卫、曹、杞、宋、郑、陈、蔡、楚等诸侯国奔波往来，寻求治国和平定天下的机会。

而且，孔子不是一个人在路上，他带着他的诸多弟子。在旅途中，他和他的弟子同吃同住，结成了生死情谊。他也给他的弟子讲课。更多时候，他不是在课堂上灌输僵化的书本知识，而是在旅途中带着弟子一起去发现、体验，并领悟人生的全部奥义。

在《论语》里，我们能看到孔子和他的弟子旅途中走过的风景：

莫春者，春服既成，冠者五六人，童子六七人，浴乎沂，风乎舞雩，咏而归。

——《论语·先进》

子在川上曰："逝者如斯夫！不舍昼夜。"

——《论语·子罕》

但还有一种风景在《论语》里时隐时现：人，他们和孔子不期而遇。他们是国君，是官员；是久别的朋友，是初见的路人；是农民，是隐士，是乐师；他们是宋国人，楚国人，卫国人……《论语》里那些或详尽或简略的对话段落，让他们如此鲜活。

我们会发现，他们有的喜好，也是我们这个时代的喜好。他们有的欲望，也是我们这个时代的欲望。他们有的坚持，也是我们这个时代的坚持。

我们也应该明白,《论语》里有些话，正是孔子在经历漫长的旅途之后，在经历那么多人和事之后，做出的最耐人寻味的人生总结。

子曰："谁能出不由户？何莫由斯道也？"

——《论语·雍也》

孔子说："谁能走出屋子不从门户里出去呢？但为什么没有人肯从人生大道而行呢？"

子曰："已矣乎！吾未见好德如好色者也。"

——《论语·卫灵公》

孔子说，"罢了吧！我没见过像喜欢美色一样，喜欢德行的人。"

子曰："我未见好仁者，恶不仁者。好仁者，无以尚之；恶不仁者，其为仁矣，不使不仁者加乎其身。有能一日用其力于仁矣乎？我未见力不足者。盖有之矣，我未之见也。"

孔子说："我没有见过喜欢仁的人，厌恶不仁德的人。喜欢仁的人，没有比这更好的了；厌恶不仁德的人，他实行仁德，是为了不让不仁的行为施加在自己身上。有没有谁，在一天里把全部精力都花费在仁德上呢？我不曾见过力量不足以努力于仁的人。或许有这样的人，只是我没有见过。"

在路上这么久了，孔子看到了人世的真相：没有喜欢仁的人。

孔子的这些感慨和疑问，仍然拷问着今天的我们。我们想问孔子：为什么既然知道仁不容易实现，他还要去做，去提倡？这些无用的努力能影响多大的地方，多少的人？

孔子没有回答，他又上路了。我们看到他高大的背影，在《论语》里渐渐远去。

理想

月亮与六便士之辩

《月亮与六便士》是英国小说家毛姆的一本书。月亮是那崇高而遥不可及的理想，六便士便是每个人的现实。要月亮，还是要六便士？有人说，先赚了足够多的六便士，再去看月亮。

在《月亮与六便士》里，一个叫查尔斯的英国证券交易所的经纪人，突然有一天，他抛弃一切，跑到巴黎去画画。那一年，他 40 岁。

满地都是六便士，可他却抬头看见了月亮。

人的一生，总有一些关键的时刻。在这个时刻，有人抬头看到了月亮，便决定从此追随。

就像 20 岁的沈从文，失去了一位溺水致死的挚友，他开始思考活着的意义。离开湘西，独自一人来到陌生的北平，他在旅店的登记簿上写下：“沈从文，年二十岁，学生，湖南凤凰县人。”他从此和往日的生活一刀两断，开始漫长的文学创作生涯。

又如成为佛陀之前的悉达多。作家黑塞在小说《悉达多》里这样描述悉达多生命中的关键时刻：“醒来后，他觉得自己被一种深深的悲哀所笼罩了。他看到自己以往的生活是无聊的，既无价值又无意义；没有给他留下任何生气勃勃的东西，也没有任何珍贵或者值得保留的东西。他是孤单的，心里很空虚，好似河滩上一艘遭难搁浅的破船。”悉达多猛醒过来，决定从俗世生活中跳出来，继续探索，寻找那个不断前行的自我。

在《月亮与六便士》里，40岁的查尔斯决定和过去诀别，做一个画家，从头开始学画画。他住在全巴黎最破旧的旅馆，贫病交加，躺在小阁楼里奄奄一息。若不是朋友帮助，他很可能一命呜呼。后来他又沦落成街头码头工人，再之后去到太平洋的小岛。他身患麻风病，双目失明，临死之前叫妻子把他的画付之一炬。

查尔斯是一个失败者吗？就像孔子，也是一个失败者吗？

查尔斯没有获得世俗意义上的那种成功。他没有成为大画家，没有卖出非常昂贵的画，没有获得社会和市场的认可和肯定。而孔子呢，他宣传的那些仁爱思想，哪个国君又听得进去？还有孔子珍之重之的“郁郁乎文哉”的周礼，没有人爱惜，只能一点点地消亡。有人说:“孔子就像一只无家可归的丧家狗。”孔子听了说:“他说得对。”

但查尔斯和孔子也成功了,不是吗?

他们都是找到了最终归属和灵魂慰藉的人。“五十而知天命。”他们的成功不是别的,是让生命充满意义,不管结果。

《月亮和六便士》里,那个追逐梦想的画家查尔斯画出了他一辈子最想画的画,尽管最后被一把火烧了。

而孔子呢?他越来越相信,也越来越确认,自己肩负着神圣的天命,那也是他自己内心的声音:“求仁而得仁,又何怨?”

于是,画家查尔斯和孔子一样,都抬头看了一下月亮,并朝它走去。而仰望月亮的孔子,活成了弟子和许多人心中的明月。

子贡曰:“君子之过也,如日月之食焉:过也,人皆见之;更也,人皆仰之。”

——《论语·子张》

子贡说:“君子有过失,就像日食和月食一样。他犯错时,人人都看得见。他改正了,人人都仰望着他。”

叔孙武叔毁仲尼。子贡曰:“无以为也!仲尼不可

毁也。他人之贤者，丘陵也，犹可逾也；仲尼，日月也，无得而逾焉。人虽欲自绝，其何伤于日月乎？多见其不知量也。”

——《**论语·子张**》

叔孙武叔诋毁仲尼，也就是孔子。子贡说：“这样做是没用的。仲尼是不可诋毁的。他人的贤能，好比丘陵，还可以逾越。仲尼就好比是日月，无法逾越。一个人即使想自逃光明、自甘黑暗，对日月又有什么伤害呢？只显露他自己的不自量力罢了。”

那些独自追随月亮的人啊，不会孤独。因为总有一个他者，也在为某一个梦想，奋斗在追月的人生路上。

群体

我们承担着人类共同的命运

有很多人劝孔子远离政治，离开人群，就像《论语》中记载的：

楚狂接舆歌而过孔子曰："凤兮凤兮！何德之衰？往者不可谏，来者犹可追。已而，已而！今之从政者殆而！"

孔子下，欲与之言。趋而辟之，不得与之言。

——《论语·微子》

楚国的一个狂人接舆唱着歌，经过孔子的车前。他说："凤凰啊！凤凰啊！太平盛世才出现的瑞鸟，为什么会在这里彷徨？为什么变成这个模样？为什么道德在今天如此衰微？过去的已不能挽回，未来的还来得及追赶。算了吧，算了吧！当今那些从政的人都很危险，怎么能与之共事呢，快离开吧，快归去吧！”

孔子听到他的话，下车想要与之交谈，狂人接舆跑走了。

于是，我们在《论语》里，看到一个接舆消失的背影。孔子继续前行，在楚国，他和弟子们迷了路。他们准备过河去，却找不到渡口。离河岸不远，有两个农民在田里耕作，《论语》里描述了孔子和他们的这次相遇。

长沮、桀溺耦而耕，孔子过之，使子路问津焉。

长沮曰：“夫执舆者为谁？”

子路曰：“为孔丘。”

曰：“是鲁孔丘与？”

曰：“是也。”

曰：“是知津矣。”

问于桀溺。

桀溺曰：“子为谁？”

曰：“为仲由。”

曰：“是鲁孔丘之徒与？”

对曰：“然。”

曰：“滔滔者天下皆是也，而谁以易之？且而与其从辟人之士也，岂若从辟世之士哉？”耰而不辍。

子路行以告。

夫子怃然曰：“鸟兽不可与同群，吾非斯人之徒与而谁与？天下有道，丘不与易也。”

——《论语·微子》

一个农民叫长沮，一个农民叫桀溺。孔子让弟子子路去问这两个农民，渡口在哪里。长沮说：“那手执缰绳在车上的是谁啊？”子路回答：“是孔丘。”长沮说：“是鲁国的孔丘吗？”子路回答：“是的。”长沮说：“那他该知道渡口在哪里呀。”

子路又问桀溺，桀溺说：“你是谁呀？”子路说：“是仲由。”桀溺说：“是那鲁国孔丘的弟子仲由吗？”子路回答：“是的。”桀溺说：“你看那流水滔滔，天下都是一样，谁来改变它呢？而且你，与其跟着那个在各国奔走的孔子，不如干脆跟着我们这些不问世事的人！”他一面说，一面继续耕作。

子路离开他们，回来把这些事情告诉孔子。孔子怅然地说：“鸟兽是不可以与之同群的，我不和天下人在一起，又和谁在一起呢？如果天下有道，我就不会和你们一道来从事改革了。”

于是，孔子和他的弟子继续走他们的路，找他们的渡口。

在《论语》里，尤其在《论语·微子》，总能看到一群离群索居的人，就像上述孔子遇到的接舆、长沮、桀溺一样。孔子尊敬他们，也了解他们其中的部分人，他对他们的品格进行了赞美，他也称赞他们的决定："天下有道则见，无道则隐。"

但孔子，做不到离开人群。

很多时候，我们的面前横亘着两个世界：一个是儒家的世界，一个是隐者的世界。或者说，一个是人群的世界，一个是孤独的、个体的世界。

作为儒家，必须要关注人群，关注民生。他那些"礼"和"仁"的主张，就是为了协调人的相处而存在的。孔子大声疾呼，也是为了让人们能更好地处理彼此间的关系和现实的生活，为了营造一个和谐的社会和国家。

而在儒家之外，有另一个世界。那里住着一些与人群和社会脱节，却不与季节和自我修行脱节的人。他们弃都市于不顾，而取乡野山林之寂寞。在周游列国的时候，孔子曾无数次遭遇这个世界的人。

那么，去哪一个世界呢？

有人选择了人群，有人选择了将自己混同于鸟雀。而孔子，向隐者的世界招了招手，重又回到了人群。因为他，属于人群。

师生

孔子和他的学生们

在今天，我们会如何回忆曾经教过我们的老师，像子贡满怀深情地回忆孔子？

叔孙武叔语大夫于朝曰："子贡贤于仲尼。"

子服景伯以告子贡。

子贡曰："譬之宫墙，赐之墙也及肩，窥见室家之好。夫子之墙数仞，不得其门而入，不见宗庙之美，百官之富。得其门者或寡矣。夫子之云，不亦宜乎！"

——《论语·子张》

这是孔子去世后，别人赞美子贡的才德超过了他的老师孔子时，子贡所说的话。

叔孙武叔在朝廷上对大夫们说："子贡比仲尼更贤呀。"子服景伯把这话告诉了子贡。

子贡说："就用围墙作比喻吧。我家围墙只有肩膀那么高，别人从墙外可以看到屋内美好的陈设。我老师的围墙有数仞之高，若不得从大门进去，就看不见里面宗庙的宏伟、房舍的富丽。能够找到大门的人或许很少吧。所以叔孙武叔先生那样说，不也是很自然的吗？"

孔子去世后，弟子们都很悲痛，很多在他坟前搭棚，住了三年。过了三年，弟子们都走了，子贡还不忍离去，又住了三年。

一位好老师之所以好，在于他能走进学生的心灵世界，这是孔子给今天教育的一点启示。

在孔子之前，都是贵族教育。孔子通过开办私学，使平民也有了受教育的机会，贵族垄断教育的局面因此被打破。所以，孔子的弟子们，各行各业的人有很多。有的是达官显贵，有的是平民百姓，孔子都一视同仁。在孔子的眼里，道德修养永远是第一位的。而老师更要以身作则。

而从孔子开始，也开启了一种新型的师生关系。这是一种不建立在血缘基础之上的，但对彼此生命非常重要的关系。

子曰："从我于陈、蔡者，皆不及门也。"

——《论语·先进》

孔子说："跟随我在陈国、蔡国之间遭受困厄的弟子们，都不在我身边了。"

在《论语》里，我们总是一再被孔子和弟子的师生情谊打动。孔子一定是在晚年回到鲁国后，回忆往昔，说出了这句感慨良多的话。

要特别强调的是，孔子和他的弟子们曾长期朝夕相处，他们不仅在课堂之上切磋学问，还一起生活，一起旅行，一起度过了许多人生重要的时刻。他们因此而建立了深刻的感情，这种感情甚至浓于家人和朋友。

弟子们曾跟随孔子周游列国，受困于陈蔡，以至绝粮。而随着时间的逝去，他们风流云散。此时，弟子们都已不在身边，孔子于是发出了深深的叹息。

孔子难以忘怀他的弟子，就像弟子难以忘怀他们共同的老师孔子。

德国哲学家雅斯贝尔斯说过一段广为流传的话："教育的本质是一棵树摇动另一棵树，一朵云推动另一朵云，一个灵魂唤醒另一个灵魂。"孔子的教育正是如此。

在孔子去世后很多年，学生们仍然清晰地记得老师的模样：

子温而厉，威而不猛，恭而安。

——《论语·述而》

孔子温和而严厉，有威仪而不凶猛，极谦恭，但安适。在弟子们的眼中，孔子是一个处处都显示出君子风度的人。

回忆起老师的教诲，回忆和老师在一起的点点滴滴，于是所有片段的印象，被弟子们记录下来，作为对老师的纪念，更作为后来人的精神财富。这，就构成了《论语》里的重要内容。

我们读《论语》，便是读师道尊严，感受一种久违的师生关系。孔子和他的弟子们启发我们：教育真正的价值不是分数，不是阶层的跨越，而是一种人心的唤醒，一种智慧的启蒙，一种情感的点燃，一种人生的开悟……

流传

孟子、苏轼，那些后世追随孔子的人

孔子死后，他开创的儒学日渐衰微。难怪百年之后的孟子会发出惊呼：“圣王不作，诸侯放恣，处士横议，杨朱、墨翟之言盈天下。天下之言不归杨，则归墨。”

由孔子而来至于今，百有余岁，去圣人之世若此其未远也，近圣人之居若此其甚也，然而无有乎尔，则亦无有乎尔。

——《孟子·尽心（下）》

孟子说：“从孔子到现在，不过一百多年，离开圣人的时间还没有多远，距离圣人的故乡又这么近，却没有能继承的人了，恐怕也不会再有能继承的人了吧！”

那么，谁来继承孔子的精神衣钵？谁有这个资格？

“当今之世，舍我其谁也？”孟子对自己的使命十分清楚，就像孔子当年清楚自己的使命一样。在儒学衰微的大环境下，他将接过孔子手中的衣钵，振兴儒学。

这是孟子伟大的地方。

孟子把孔子“仁”的思想完整地继承下来，并且充分发扬，指出“人性向善”，人能够行善，并且应该行善。

而孟子也提出了“民本”的思想。他继承了孔子思想里精神的自由和人格的独立，甚至比孔子走得更远。“说大人，则藐之，勿视其巍巍然。”向权贵进言，就要轻视他，不要把他高高在上的样子放在眼里。

孟子说，不要奴颜，更不要有媚骨，即使对方是一位君王。他说：“君之视臣如手足，则臣视君如腹心；君之视臣如犬马，则臣视君如国人；君之视臣如土芥，则臣视君如寇仇。”在孟子眼里，君臣关系是完全相对的。

孟子还提出了一个响彻古今的观点：“民为贵，社稷次之，君为轻。”从此，“民贵君轻”成为广泛流传的名言，影响深远。

到了明代，开国皇帝朱元璋在读了《孟子》后，大发雷霆，他命人将孟子驱逐出孔庙，不再拥有配享的资格。然而孟子的思想已经深入人心，他的做法遭到大臣的反对。朱元璋无奈，只好把孟子的牌位又请回了孔庙，但他下令对《孟子》若干章节做了删减。

到了清代，孟子的地位更加巩固。《孟子》是读书人的必读书目，清朝各位帝王一直将孟子尊为“亚圣”。

有孔子和孟子思想的感召，后来无数仁人志士纷纷传承儒家的精神血脉。其中，有唐代的杜甫、北宋的苏轼、南宋的文天祥、明朝的王阳明、清朝的曾国藩……在这些人里，苏轼尤其获得许多人的喜爱。

在现代作家林语堂看来，苏东坡“是个秉性难改的乐天派，是悲天悯人的道德家，是黎民百姓的好朋友，是散文作家，是新派的画家，是伟大的书法家，是酿酒的实验者，是工程师，是假道学的反对派，是瑜伽术的修炼者，是佛教徒，是士大夫，是皇帝的秘书，是饮酒成癖者，是心肠慈悲的法官，是政治上的坚持己见者，是月下的漫步者，是诗人，是生性诙谐爱开玩笑的人”。

但我们也应知道，苏轼是一个忠实的儒家信徒。他被打击，被贬谪，但始终如先贤孔子一样，不改一颗入世的赤子之心，为国为民，求仁得仁。

苏轼也喜欢孟子所说的“吾善养吾浩然之气”。

他在给另一位先贤韩愈的碑文中写道："孟子曰：'吾善养吾浩然之气。'是气也，寓于寻常之中，而塞于乎天地之间。卒然遇之，则王、公失其贵，晋、楚失其富，良、平失其智，贲、育失其勇，仪、秦失其辩。是孰使之然哉？其必有不依形而立，不恃力而行，不待生而存，不随死而亡者矣！故在天为星辰，在地为河岳，幽则为鬼神，而明则复为人。此理之常，无足怪者。"

于是，孔门的思想，儒家的精髓，中国文化中最闪耀的那个部分，就靠着这缕浩然之气活了下来，不因某个人的离去而消亡，不因某个时代的覆灭而无闻。

它永存于天地之间，不可磨灭。

至圣

天不生仲尼，万古如长夜

“天不生仲尼，万古如长夜。”这是后人评论孔子的话。低调如孔子，是不会这么评价自己的。他只会说：“若圣与仁，则吾岂敢。”

但我们仍然忍不住想问：孔子到底在什么方面引起了后人的兴趣？为什么是孔子的思想，做到了季羡林所说的，“成为中华民族文化生活的最高指导原则，并且融化进中华民族的血液里，积淀在民族心理的深处，成为共同心理结构的重要组成部分”？

是因为孔子大规模整理“六经”，即《诗》《书》《礼》《易》《乐》《春秋》，使其成为中国现存的、最原初的文本经典，深刻地影响和塑造了中国人的心灵吗？

是因为孔子这个人的魅力吗？还是因为孔子命途多舛的一生，塑造了孔子这部传奇？又或者是从孔子身上洋溢出来的仁爱、孝悌、宽厚、善良、礼让等种种德行打动了我们，让我们得见一个君子的理想人格吗？

是孔子那些著名的学生成就了他？是统治者需要他？是因为孔子把每个读书人的未来和中国的选官制度紧紧拴在了一起？还是孔子提倡的忠孝思想，有利于建立一个大一统的中央政权？

孔子是丰富的，从来不是单面的。而我们会想到哪一个孔子呢？

是那个听到韶乐，三日不知肉味的孔子？是那个在陈蔡之地绝粮七日，濒临死亡，依然弦歌不辍的孔子？是那个望着滚滚而去的江水，说着“逝者如斯夫！不舍昼夜”的孔子？还是那个听到弟子颜渊去世，痛哭流涕的孔子？

孔子也许比其他任何人，都更了解他所在的时代。他从底层而来，一步步走上高位，后来又自我放逐，这种人生轨迹使孔子有机会接触、亲历、考察社会的方方面面。

在春秋战国那个充满变动的时代，从未有人试着从道德和人伦出发，来解释一个破碎的世界何以破碎。于是，孔子来了。

更多人在谈武力，在谈利益，在谈军事和权谋，而孔子谈“仁”。在孔子心目中，“仁”比生命更重要，“志士仁人，无求生以害仁，有杀身以成仁”。因为一个美善心灵的养成，将有助于缝合一个岌岌可危的天下。

仁是很难的，这一点孔子也知道。但孔子从未放弃自己的理念，他认为，不能以一时的成败去判断仁是否值得。

君子去仁，恶乎成名？君子无终食之间违仁，造次必于是，颠沛必于是。

——《论语·里仁》

于是，不管外界如何，孔子带着一颗仁心上路了。而孕育了孔子的先秦文化，在孕育孔子的同时，也到达了自己的巅峰，并走向完结。在历史的长河中，远远望去，我们会看到那个叫孔子的人走在最前面。他让所有孤单的人觉得温暖，觉得这个世界还有变好的可能。

一个单独的孔子，何以成为最普遍意义的孔子？中国文化里的最具包容和坚实的部分，到底是什么？

打开《论语》，我们也许能找到部分的答案。“尽善尽美”“不耻下问”“当仁不让”“见义勇为”“见贤思齐”“仁者爱人”“以德报怨”“文质彬彬”……孔子的这些话不仅仅是漂亮话而已。在漫长的时间里，它被无数的人吟诵，被无数的人记在心里，它也经历过无数的考验。这不仅是孔子一人，更是无数中国人经过种种生命体验，一起得来的智慧。

孔子的话，流传到现在已经有两千余年。它还将继续强劲地延续下去，到下一个千年。

“天不生仲尼，万古如长夜。”

下编

学而篇第一

子曰：“学而时习之，不亦说乎？有朋自远方来，不亦乐乎？人不知而不愠，不亦君子乎？”

我喜欢这样的开头。我看到一个快乐学习、终身学习的孔子。儒家并不是封闭的，而是开放的、宽广的、包容的。所以到后来，以儒家思想为根脉的中华文化才可能容纳道家、佛家乃至各家各派的思想。

在今天，我们热爱学习吗？我们会终身学习吗？还是我们厌倦了学习，不想知道，不求知道，或者对自己不懂的、不熟悉的，只想抵制、拒绝，甚至不闻不问，不学无术？

我们为什么而学呢？我们又学到了什么？知识的学习是唯一

的学习吗？知识是孔子学习中唯一的、最重要的内容吗？还是，也要学心性修养、为人处世？

灵魂啊，请让我碰到一个快乐学习的人，请督促我成为那个人。请让我等来远方的某个朋友，请让我微笑，“远在远方的风比远方更远，我的琴声呜咽，泪水全无”。

（一）

1·1　子曰：“学而时习之，不亦说乎？有朋自远方来，不亦乐乎？人不知而不愠，不亦君子乎？”

孔子说：“学习而时常实践，不是很愉快吗？有朋友从远方来相聚，不也是很快乐的吗？人家不了解我，我也不怨恨和恼怒，这不也是君子所为吗？”

在《论语》的开篇首章，孔子燃起了一把大火，从最开始一直燃烧到书的最后一页。这是学习的大火，“此火为大，开花落英于神圣的祖国”。“学”是儒学几千年生生不息精神的源头。它不僵化，不教条，不故步自封。它是开放的，乃至后来，吸纳了各家各派的思想精华。

孔子被围在陈蔡之地，快死了，依然弦歌不辍，这是另一种学习。孔子在言传身教。

抗战烽火之中，有一所临时大学为延续中华文化血脉，培养了无数人才，它叫“西南联大”。中国文化如果始终保持这种学习的劲头，就永远不会灭绝。

“文化大革命”中，沈从文被迫停止小说创作，但依然学习不止。他找到了另一条路：文物研究。很多年后，巴金写回忆文章说，在他们那代人当中，很多人灰心绝望，不再创作。沈从文却还保持着旺盛的学习劲头，这让他感动和惭愧。

本章的第二个关键字是“乐”。学习是快乐的，和朋友相聚也是快乐的。孔子和儒家不离尘世，热爱世俗世界，因为此间有快乐。以孔子和儒家为代表的中国文化，是一种“乐感文化”，它把每个中国人的心灵安顿在人世，也把希望寄托在人世。这快乐，平淡中有绵长，平凡中见伟大。

“有朋自远方来，不亦乐乎？”人第一次走出家门，面对陌生的社会，需要朋友。朋友从远方来，这多么快乐，而朋友的离开，又是多么难过和不舍。

在李白的《黄鹤楼送孟浩然之广陵》里，我们读到：“故人西辞黄鹤楼，烟花三月下扬州。孤帆远影碧空尽，唯见长江天际流。”看朋友远去，远帆消失于天际，长江流逝，送别的人还伫立在那里。

北宋文学家苏轼有个朋友叫陈季常。他和苏轼的感情很深，苏轼被贬黄州时，两家隔得很远，但还往来不断。几年后，苏轼要离开黄州，朋友们纷纷送别。陈季常一路相送，最后从湖北送到江西九江。

在今天这个时代，我们送朋友一般送到电梯门口，然后挥手，说完“再见”，就回家了。

因为即使天涯海角，我们也知道，和朋友可以通过微信和电话视频来联系。这是现代社会的福利，但也可能永远失去了古人情感的浓度。

接下来看：“人不知而不愠，不亦君子乎？”

孔子在《论语》中讲过很多次类似的话。他说，人不知道我，并不是最重要的事情。在《学而篇》的第十六章，孔子也说：“不患人之不己知，患不知人也。”

“人不知而不愠”，就是说，“别人不知道我，我不会郁郁寡欢，不会难过”。我们学习的目的、生命的重点和快乐的源泉，不是来自于“让人知道”，而是成为更好的自己。《论语·宪问》中有一句话：“古之学者为己，今之学者为人。”

本章前后文联系起来看，也有一定的逻辑：人是需要学习的，学习是快乐的，学习是为了成为更好的自己。

这里，《论语》出现了一个词："君子"。它在之后的篇章里还会不断被提到，"不亦君子乎"。在春秋战国，"君子"是贵族身份的象征。但孔子给"君子"增加了道德的内涵。

（二）

1·2　有子曰："其为人也孝弟，而好犯上者，鲜矣；不好犯上，而好作乱者，未之有也。君子务本，本立而道生。孝弟也者，其为仁之本与！"

有子说："孝敬父母，尊敬兄长，而喜好冒犯上级长官，这样的人是少有的。不喜好冒犯上级长官，而喜好造反的人是没有的。君子在根本上下功夫，根本建立了，正道也就随之而来。孝敬父母，尊敬兄长，这就是仁的根本吧！"

有子是孔子的学生，长相酷似孔子。后来，孔子去世，大家想象服侍孔子那样服侍他，曾子不同意，于是作罢。在《论语》中，除了孔子，只有四人被尊称为"子"，即有子、曾子、闵子、冉子，原因可能是《论语》的辑录者出自他们的门下。而次章放有子，也表达了学生对老师的尊重。

要强调的是，在《论语》里，有些是孔子说的话，有些是孔子学生说的话。孔子说的话无疑更关键，更值得我们重视。但孔子学生的话，需要甄别和思考，有些学生不一定能完全领悟老师思想的精髓。

有子讲："其为人也孝弟，而好犯上者，鲜矣。"他把"孝弟"和"犯上"联系起来，有点牵强。因为《论语·宪问》里也说"子路问事君，子曰：'勿欺也，而犯之。'"孔子说，可以犯颜直谏，这是为人臣者的本分。阿谀奉承，有违孔子做人的原则。

如何维持国家和社会的稳定、生存和延续，一直是孔子和儒家思考的重点，这也是现代社会的一大难题。孔子和儒家认为，"孝悌"对中国人和中国文化很重要，它也塑造和影响了中国人的性格和心灵。

山东曲阜孔林是孔子及其家族后裔的墓地，一块块墓碑，一代一代，绵延至今，那是一整个家族情感和价值的归宿和发源地。在今天，更多的是夫妻和孩子组成的一个个小家庭。而孔林，如大树落地生根，枝繁叶茂，寻根溯源，一切清晰可见。

"孝悌"像一枚石子，投到人心的湖里，泛起层层涟漪；不断向外扩散，从家族扩散到乡土、社会和国家。

（三）

1·3　子曰：“巧言令色，鲜矣仁！”

孔子说：“花言巧语，虚情假意，这种人很少有仁爱的。”

擅长言语的人看到这句话，会撇嘴。但孔子没把话说死，他说“鲜矣仁”。孔子强调，“仁”不在外表。无论是容色还是语言，都需要服务于内在心灵的塑造。一旦过分，就会忽略对内心的要求和培养。

（四）

1·4　曾子曰：“吾日三省吾身——为人谋而不忠乎？与朋友交而不信乎？传不习乎？”

曾子说：“我每天多次反省自己：为别人谋划，尽心竭力了吗？同朋友交往，做到诚实可信了吗？传授给别人的东西，自己实践过吗？”

曾子就是曾参，他十六岁拜孔子为师，是孔子学生中年龄最小的。他比孔子小四十六岁。《论语》有很多关于他的语录。

孔子为人处世，都在告诉学生：凡事先从自己出发，先从自己做起。从这一点来看，曾子很像老师。

“为人谋而不忠乎”，我尽力了吗？“与朋友交而不信乎”，我值得相信吗？“传不习乎？”我传授给别人的，是我日常练习的吗？我自己做到了吗？

在西方，因为有基督教，人是面对上帝反省。而儒家，人是面对自己反省，“吾日三省吾身”。这种反省可以是浅薄的，得过且过的，不以为然的；但也可以是深刻的，战战兢兢的，如履薄冰的；一切取决于我们自己。所以，《礼记·中庸》里说：“君子慎独！”

（五）

1·6　子曰：“弟子，入则孝，出则悌，谨而信，泛爱众，而亲仁。行有余力，则以学文。”

孔子说："年轻人在家里孝敬父母，在外面尊敬兄长，谨慎而说话信实，博爱民众，亲近有仁德的人。做到这些以后，还有多余精力，就用来学习书本上的知识。"

"行有余力，则以学文。"孔子再次强调，那些书本上的东西，并不是最先需要学的东西。那孔子更看重什么呢？是孝，是悌，是信，是爱，是仁，它们将父母、兄弟、家庭、民众、国家连接在一起，构成一个和谐共生的美好社会。

（六）

1·7　子夏曰："贤贤易色；事父母，能竭其力；事君，能致其身；与朋友交，言而有信。虽曰未学，吾必谓之学矣。"

子夏说："重视德行胜过重视容貌；侍奉父母，能够尽心竭力；服侍君主，能够尽职尽力；同朋友交往，说话诚实，恪守信用。这样的人，即使他说没有学过什么，我也一定要说他已经学习过了。"

这一章和上一章，都在讲孔子和儒家最看重的是德行不断地进步，是生活上的身体力行，而不是来自书本上的照本宣科，夸夸其谈。

子夏没有过跟随孔子游历各国的经历，他是孔子回鲁国后到了晚年才招的学生。子夏那时候估计还是小伙子，喜欢漂亮姑娘，喜欢好看的容貌和身材，这很自然。但估计受到孔子的影响，他也说，选伴侣品格比容貌重要。

儒家有“五伦”的观念，本章讲了四种——夫妇、父母、君臣、朋友，可见子夏对道德实践的重视。

（七）

1·9　曾子曰：“慎终，追远，民德归厚矣。”

曾子说：“对死者的丧事能谨慎，对死亡已久者能不断追怀，就能使得社会风俗道德日趋笃厚。”

儒家非常重视丧祭之礼，就是因为“慎终追远，民德归厚”。做到这点，更能君臣一体，上下同心，使一个国家、民族、社会更加团结，更有凝聚力。

作家李娟在一篇文章里讲述了自己坐在哈萨克族司机开的长

途汽车里的体验。之前，车厢里人声鼎沸，一路欢声笑语。突然，车厢里安静下来，那是汽车经过一片穆斯林墓地。李娟写道：

“不管是什么样的哈萨克族司机，不管老的少的，不管是严肃踏实、爱听阿肯弹唱的中年人，还是染了红毛、整天沉浸在震天吼的摇滚音乐中的小青年——都会郑重地关闭音乐，等完全经过墓地后才重新打开。关掉又打开，也就几十秒时间，我从没见过一次被含糊过去的。敬重先人，敬畏灵魂的话，心灵的洪水再怎么肆虐也不会决堤。嗯，最可怕的不是凶猛的人或愚昧的人，而是无所顾忌的人。”

这也是“慎终追远，民德归厚”的一种体现。

为政篇第二

《论语》一共20篇，它是如何排序的？它是精心编排的吗，还是随意的组合？历来学者争论不一，到今天也没法完全统一。大部分学者认为,《论语》是孔子诸多弟子第一时间将各自的笔记集合在一起，汇辑而成。但也有学者指出，全书没有经过统一的编辑整理，原因之一是《论语》里出现了几处相同的内容，按说这么基本的错误在编辑时完全可以避免。

《论语》很多篇的章节非常杂乱,但也有内容相对集中的篇目和章节。这就构成了研究者的一个矛盾：人们想找到《论语》被汇辑成书的逻辑和内在规律，但又害怕生拉硬拽的联系，破坏了文本原初的生动和活力。

尽管如此，我仍然认为，《论语》相对松散，但也不是无迹可寻，随意组合。我试图学习庄子笔下那个游刃有余的“庖丁”，在牛的筋骨肌理空隙处下刀，顺应自然，随物赋形，像解剖一头牛一样，去了解《论语》的内部而不伤着刀刃。这是一项危险的工作，但充满诱惑，也充满挑战。

“学而篇”为什么放在最前面？也许是为了点燃那把学习的大火。“为政篇”为什么放到第二篇？这一篇的首章就讲到孔子要“为政以德”。学生把它放在这里，可能是因为他们认为这是重要的话。孔子非常重视政事，他想从政，也希望学生从政，实现儒家的政治主张。

在今天，政治亦有强大的影响力。它就像空气，跟每个人的生活密切相关。即使我们可以避免很多关于政治问题的讨论，但政治也必然影响每个人的生活。

回到《论语》，当时孔子所在的春秋战国时代。列国纷乱，民不聊生，不仅是孔子，还有老子，很多先贤人物都希望自己的思想能为统治者所用。

孔子讲政和礼，其实都是在讲关系、人群、社会、国家、天下。儒家不能忘怀于天下，孔子总在人群中。如果只是一个人，就不用讲礼和政了。政的一个定义正是：“管理众人之事。”

（一）

2·1　子曰：“为政以德，譬如北辰居其所而众星共之。”

孔子说：“以德行去治理国家，好像天上的北极星，安然处在自己的位置上，群星都环绕着它。”

在古代，政治领袖对国家、社会、百姓的影响力非常大，所以孔子和儒家对他们道德的要求也很高。但并不是每个人的观念都和孔子一致。有人认为，“为政以法”。有人认为，“为政以威”。有人认为，“为政以钱”。但孔子说：“不，为政以德。”

孔子带着“为政以德”的思想，游说各国，到处碰壁。没有人听他的话。最后，孔子回了他的鲁国。

春秋战国，战乱频仍，群雄逐鹿。最后，秦国取得天下。但秦王统一天下的历史，也是一部奴役七国臣民的血腥史。它为政的方针，不是“以德”，而是“以法”“以暴”。秦国的军功爵制度，让秦军变成虎狼之师，秦将白起一次坑杀四十万赵国降卒，这便是秦国暴戾的例子。而秦国对待自己的子民，也是严刑峻法，庶民任其宰割。

秦王朝传到二世而亡，在世上只存在 14 年。秦朝之后，汉朝统治者回到了德治的路上，因此有了汉朝四百余年的基业。这应验了孔子的话：“为政以德，譬如北辰，居其所而众星共之。”

意大利政治家和历史学家马基雅维利有本书叫《君主论》。在其中，他问大家：“人类的君主要受人爱戴好，还是要受人畏惧好呢？”他认为，一般最好是两者都能结合；但如果非要选择其一的话，受人爱戴的不如受人畏惧的更好，因为后者更让人安全。而人性是邪恶的，天天爱戴你的人，明天可能就会变成杀害你的凶手。但是，那些畏惧你的人呢，他不会伤害你半点。这种思想对西方影响很大，导致很多人对政治的理解就是权力斗争、尔虞我诈。

在西方，亚里士多德、柏拉图等人指出，把国家统治权集中在一人手中是毁灭性的，官员应该由选举产生，不存在超越法律的绝对权力。这和孔子“为政以德”的思想并不矛盾，都值得学习和借鉴。

（一）

2·2　子曰：“《诗》三百，一言以蔽之，曰：‘思无邪’。”

孔子说：“《诗经》三百篇，用一句话来概括它，就是‘不虚假’。”

孔子为我们概括的这句话,可以作为理解《诗经》的纲领。孔子是很懂诗的人，藏着一颗诗心，否则不会说出“逝者如斯夫！不舍昼夜”这么诗性的话。

《诗》就是《诗经》，是中国古代最早的一部诗歌总集，收集了西周初年至春秋中叶的诗歌。孔子很看重《诗经》,并说“不学诗，无以言”。

《诗经》一共311篇，在内容上分为《风》《雅》《颂》三个部分。“思无邪”出自《诗经》的“鲁颂·駉”篇。“无邪”是什么呢？我们说，一个孩子的笑是天真无邪的。无邪是没有掩饰,所作所为无不出于真情。

人最初可能都无邪，但随着时间、年龄、经历的累积，戴上了各种各样的面具。与人交往，就变得复杂和矫饰了，很难回到无邪的曾经。阅读《诗经》，可以发现人内心真诚、无邪的一面：“关关雎鸠，在河之洲。窈窕淑女，君子好逑……”

自古而今，诗人性情，一脉相承，唯真诚为第一要务。做人亦如是。

（三）

2·3 子曰："道之以政，齐之以刑，民免而无耻；道之以德，齐之以礼，有耻且格。"

孔子说："用政治去引导，用刑法去整治人，民众只是求得免于犯罪受惩，并没有廉耻之心。用德行去引导人，用礼制去规范人，民众不仅会有羞耻之心，而且会内心认同并归附。"

这个"无耻"不是今天所谓的"无耻"，而是说"无耻辱之心"。这个"道"，一般读"导"。这一章和上一章，都在讲德行的重要性。它比其他的方法和手段（"政"和"刑"），更让人心悦诚服。

（四）

2·4 子曰："吾十有五而志于学，三十而立，四十而不惑，五十而知天命，六十而耳顺，七十而从心所欲，不逾矩。"

孔子说："我十五岁立志学习，三十岁能够自立，四十岁不再迷惑，五十岁知道什么是天命，六十岁时能接受各种批评和意见，七十岁随心所欲却又不超出规矩。”

孔子在说这段话时，超过七十岁了。这是他对自己生命的回顾。他在这世界没有几年了,他七十二岁（也有说法是七十三岁）去世。

孔子十五岁志于学，直到他七十岁，在漫长的生涯中一直在学。我们又想起了《论语·学而》的第一句:“学而时习之,不亦说乎？”我们可以拿孔子这句话来比对自己，我们是什么时候志于学的?

三十而立。孔子说:“不学礼，无以立。”孔子所说的“立”，不仅仅是遵循礼仪制度，还包括养活自己，以及自己人格的成熟。“立”是一个很有意思的汉字。“安身立命”“立德、立功、立言”，三十岁，我们立了吗？我们独立了，还是在躺平？如果立了，我们立的又是什么?

立，也就是人要怎么生活，它是一个方向。有了方向，人为此而奋斗。在过程中，人不断向前，直到来到但丁在《神曲》开头所说的时刻，即在人生的中途，“我迷失在一片黑暗的森林之中”。如何不迷失方向和道路？人需要智慧，才不会困惑，所谓“智者不惑”。智者如孔子，他说自己“四十而不惑”。

有的人，到了四十，还充满迷惑。活了一生，困惑一生——我为什么而活？清楚什么是人生，自己为什么而活，人需要这种解惑的能力。

然后孔子说："五十而知天命。"在经历各种艰难险阻的生活中，认识到自己的有限，但又不抛弃、不放弃，去改变所能改变的，去接受那不能改变的，"尽人事，知天命"。

"六十而耳顺，七十而从心所欲，不逾矩。"六十岁能听进各种不同的意见，七十岁为人处世可以随心所欲又不超出范围和界限。

人生尽头遥遥在望，不再悲观、焦虑、纠结，自由而谦卑地走完剩下的路，这是孔子最后的人生总结。

（五）

2·5　孟懿子问孝。子曰："无违。"

樊迟御，子告之曰："孟孙问孝于我，我对曰，无违。"樊迟曰："何谓也？"子曰："生，事之以礼；死，葬之以礼，祭之以礼。"

孟懿子问什么是孝道。孔子说："不要违背。"樊迟替孔子驾车，孔子告诉他说：“孟孙问我什么是孝道，我告诉他不要违背。”樊迟说：“这是什么意思？”孔子说：“父母活着的时候，依礼制侍奉他们；死的时候，依礼制安葬他们，祭祀他们。”

“无违”，不是说不违抗父母的命令，而是不违背礼：“生，事之以礼；死，葬之以礼，祭之以礼”。

父母做事情，有合礼的，也有不合礼的。不合礼的事情，子女不用遵守。

（六）

2·6　孟武伯问孝。子曰：“父母唯其疾之忧。”

孟武伯问什么是孝道。孔子说：“父母亲只担心子女的疾病。”

父母总是担心子女。担心子女的学习，担心子女的工作，担心子女的婚姻，担心子女的孩子，担心子女的生活，担心子女各种各样的事情。

有一首诗，叫《卡迪什》，是美国“垮掉一代”的重要诗人艾伦·金斯堡为已故母亲写的。

1956年，金斯堡的母亲在纽约一家精神病医院离世，几天后他收到母亲的来信："钥匙在窗上，钥匙在窗上的阳光里——我有钥匙——结婚吧，艾伦别吸毒——钥匙在柜里，在窗上的阳光里。——爱你的母亲。"一年后，金斯堡又一次想起自己在精神病医院里孤独死去的母亲，他坐在巴黎一家咖啡店的小桌旁，写下了这首关于母亲的诗歌。

金斯堡的母亲过得不好，她还在操心儿子，担心他还在吸毒，担心他的未来。直到死，她最放心不下的，是儿子。可怜天下父母心，多少父母像金斯堡的母亲那样担心啊。

金斯堡的诗打动了很多人，这是一个不孝儿子对母亲的悔过。

孝，是对父母的一种爱。正如一句话里说的："父母在，人生尚有来处；父母去，人生只剩归途。"

"为政篇"好几个章节都在谈"孝"，孔子的回答都不一样。这和他回答学生"问仁""问政"的情况一样。孔子总是根据具体情况给出各不相同的回答。

"孝"和政治有关系吗？大有关系。孝是维护家庭和谐稳定的重要基础，而家庭是社会和国家的细胞。自古以来，中国历代封建王朝"以孝治天下"，用封建伦理纲常来维护君臣关系，维持封建统治秩序。古人说"家国一体"，就是说家庭与国家不分，对天子、皇帝来说，国就是家，家就是国。而君王应关爱天下黎民，以慈父之心对待治下的民众，关心、担忧他们的健康和疾苦。后世称地方官为“父母官”，与这种思想也不无关系。

有一段时间，“孝”也被宣传到令人反感的程度。比如《二十四孝》里“郭巨埋儿”的故事，鲁迅最为反对。他年幼时，最怕父亲学郭巨做孝子，把自己埋了，以减轻家庭的生活压力。鲁迅在文章里写，有些故事可以勉强效仿，有些照着做会有丢掉性命的危险。

但孝在中国传统文化当中起到的作用，仍然不可低估。父母和子女构成的天然血缘关系，对中国人维系感情和社会总体秩序的长期稳定，厥功至伟。以人们真实的情感为出发点，“孝”需要在现代社会继续发挥它的积极作用，取其精华，去其糟粕。

（七）

2·10　子曰：“视其所以，观其所由，察其所安。人焉廋哉？人焉廋哉？”

孔子说：“看一个人的所作所为，观察他的动机，了解他心安于什么事情，这个人还能隐藏到哪里去呢？这个人还能隐藏到哪里去呢？”

这是孔子观察人的方法。人总是戴着各种假面具，很难看清楚真模样。所以，视、观、察三字，一步更深于一步，以看清人的真相。而观，是从大体来看，察则从细微处看。

“察其所安”，又是最不容易的。有些人一辈子做的事，都是自己不想做的事，他的心不安于此。“此心安处是吾乡”，人心安于哪里，我们便知他是什么样的人。

（八）

2·11　子曰:“温故而知新，可以为师矣。”

孔子说:“温习过去，以知道未来，这样可以当老师了。”

“温”字给人很多遐想。温,可以是“温习”“温暖”“温润”。它代表着一种温度。

中华民族是非常喜欢“温故”的民族，很重视历史经验，记录各种经验教训，作为未来的借鉴。我们先人留下无数史书，可以为例证。“鉴古而知今，彰往而察来。”

但德国思想家黑格尔则说：“人类从历史中学到的唯一教训，就是没有从历史中吸取到任何教训。”黑格尔的这句话,在某些情况下是对的。但温习过去，仍然可以少犯错误。

很长一段时间，中国传统建筑被认为是落伍和过时的东西。中国建筑师王澍则从中国传统建筑中得到灵感，做了许多传统与现代相融合的建筑设计，获得了 2012 年普利兹克建筑奖。

今天来看，“旧”不但有生命力，还能激发出新的东西。

读《论语》，也不是浪费时间，我们在“温故而知新”。我们不敢说为人师，但愿让自己变得更智慧，更清醒。

（九）

2·12　子曰:“君子不器。”

孔子说:“君子不是个东西！”

有点像骂人的话。这是孔子对君子提出的要求。

“君子”有两种意思。第一种，是指一种身份，我们要把《论语》带到孔子那个时代去解读它。为什么孔子老提“君子”。“君子”是干吗的？“君子”在春秋时代，是指贵族。就像后来的嵇康，也是贵族。“君子”是一种身份。第二种是，除了是一种身份以外，到春秋时候，“君子”就有道德的意味了。

春秋年代，礼崩乐坏，“君子”德不配位。“君子”的身份还在，但已经没有“君子”的道德节操。所以孔子希望君子能够肩负起本该具备的道德责任。

“君君臣臣，父父子子”，那时候也是“君不君，臣不臣，父不父，子不子”。君子不是君子，小人不是小人。

君子为什么不是个东西呢？还可以做另一种解释。如果它是个东西，它就固定了，僵化了。君子应该大于器，大于某一个东西，应该更宽广，容纳所有。而现在，“器”也被解释为专才、专家，专攻某一领域的学者。

其实，人应该做一个通才，各方面都了解。如果只做某一方面的专家，只懂一方面，更容易局限在自己的那个小世界里，像井底之蛙，不能从其他的角度去思考问题。

孔子是有很多才华和才能的人。现在的很多专家学者都是专门人才，研究某一个领域。当然，现代社会也需要向专和精的方面去发展。但实际上，我们也需要更博通的人才。退一步说，即使他不精深于其他领域，也可以有兴趣，有关怀。

八佾篇第三

“学而篇”讲“学”的重要性,“为政篇”是讲“学”的外用,也就是“为政”,“八佾篇”讲“礼”,这是儒家对中国文化做出的一大贡献,也是中国人文精神的集中表现。

礼是中国文化最重要的一环。儒家“五经”当中,有一本书专论礼的重要性,就是《礼记》。中国也一直被称为彬彬有礼的“礼仪之邦”。礼,大到国家,小到个人,无微不至,影响深远。

（一）

3·1 孔子谓季氏:“八佾舞于庭,是可忍也,孰不可忍也?”

孔子评价季氏说："在自己的庭院里用八佾奏乐舞蹈，如果这都可以容忍，还有什么事情不能容忍呢！"

《论语》为什么把这句话放在"八佾篇"之首？孔子为什么这么生气？这放在今天也是一个重要的政治事件。因为它挑战了礼制，不利于社会的长期稳定。

八佾是周天子专用的一种乐舞。但季氏不是天子，他用这个乐舞，越礼了。所以孔子对越礼的事情非常愤怒："是可忍也，孰不可忍也。"

春秋时期，中华大地有几百个国家，都是在周天子的管辖之下。秩序的稳定依靠礼，不能越礼。

（二）

3·3　子曰："人而不仁，如礼何？人而不仁，如乐何？"

孔子说："人没有仁爱，讲什么礼呢？人没有仁爱，讲什么乐呢？"

听某些音乐，虽然曲调挺好，但为什么感到空虚呢？跟某些人交往，人家客客气气，很有礼貌，但为什么感觉不到温暖呢？因为没有仁。仁是由内而外的东西，最打动人。

没有仁的礼，虚伪甚至邪恶。有些人对老人非常热情，嘘寒问暖，彬彬有礼，但企图是要老人身上的钱。贵州遵义有个医院培训工作人员，要求如何热情洋溢地对待病人，目的只有一个：捞钱。想尽办法从病人身上捞钱；想尽办法让病人长期留下，而不是治好他们的病。患者没有病，也通过做一些虚假的检查让其越看越有病，越看越花钱。

这个医院得到了法律的严惩。但道德的事情，不是法律一朝一夕可以挽回的。

礼乐如果没有内在情感（就是“仁”）作为真正的依托，一切都是徒具其表的空壳。

有张黑白老照片，一度在互联网被广为流传。照片中，一位穿着长衫的小男孩与一位医生互相鞠躬。这是1900年左右，时任广济医院（现为浙江大学医学院附属第二医院）院长的英国人梅滕更查房时，面对小患者的鞠躬致谢，医生也以一个深深的鞠躬来回礼。

这个互相鞠躬的礼节，对今天的医患关系紧张也应有所启示。它蕴含着患者对医生的相信和感谢，也有医生对患者的关爱和尊重。

“学而篇”还有一句话，叫“礼之用，和为贵”。礼的作用，以恰到好处最为珍贵，不是越多越好。礼不是一种束缚，而是使人的关系变得更加和谐。而如果我们能以“仁”为核心，礼便会重归真实和真诚，我们也就能身处在一个更幸福的社会。

（三）

3·4　林放问礼之本。子曰:“大哉问！礼，与其奢也，宁俭；丧，与其易也，宁戚。”

林放问礼的根本是什么。孔子说:“礼，与其铺张奢侈，宁愿简朴。丧事，与其仪式周全隆重，不如心中哀戚。”

林放在《论语》里出现得很少，有人说他是孔子的弟子，也有人说不是。他问孔子:“礼的根本是什么？”这是很难回答的大问题。

今天，我们不太问根本性的问题。我们只问:“你吃饭了吗？你做什么工作？”我们不问:“你生活的意义是什么？”这样问，人会想不明白，头疼睡不着。

这么一个大问题，看看孔子怎么回答。孔子一再告诉我们:

内在的东西最重要；相比外在，人更要看重内在。

我有个侄女，许多年前我带她去长沙的动物园玩。走到大门前，她看到一个地上的空塑料瓶，捡起来。我正为她高兴。她说："叔叔，我往垃圾箱丢的时候，你能给我拍张照吗？学校学雷锋，说每个人都要交一张做好人好事的照片。"

我呆住了。

现在的很多教育就像表演，是做给人看的，不是人从心灵内在生发出来的东西。

我还记得一条新闻。在郑州，一个小女孩放学回家，特别暖心地给爸爸打了一盆洗脚水。爸爸很感动。结果，感动持续不过一分钟。小女孩只是用手在爸爸的脚面上方晃了几下，用手机拍了一张看似给爸爸洗脚的照片后，立刻起身走了。

后来爸爸才知道，女儿给他洗脚，是为了完成老师布置的作业。

还有很多大型集体洗脚现场，大多发生在学校。在父亲节或母亲节，学校的操场上，人山人海，彩旗招展，很是壮观：父母们在操场上正襟危坐，脚伸进盆，孩子蹲着给他们洗脚。

这是孔子和儒家说的礼吗？这是我们追求的礼吗？

法国作家埃克苏佩里的《小王子》里，狐狸说："只有用心灵才能看得清事物本质，真正重要的东西是肉眼无法看见的。"

礼，当然也需要外化为一些看得见的东西。就像我们收过各种各样的礼物，以及送给别人的礼物。回忆一下，有哪样礼物是最打动自己的？而自己送出的哪样礼物，最让收到礼物的人难忘和感动？

我母亲去世多年，有时候想起她，会想到她初中给我买的回力鞋，想到她带我第一次坐飞机去宁波，可我当时一路上还埋怨她在飞机上没给我拍照。

我爷爷奶奶也是这样。我每年回乡下过暑假，返回城里时，他们总要给我带各种土特产。腊肉、柴火熏好的冬瓜皮、自家地里的花生，放在一个编织袋里面，装得鼓鼓囊囊。我那时候想不通，觉得东西重，也不值钱，而且从老家农村背到城里，非常累，我还要坐车，扛着一个编织袋，走在路上，不酷，也不美。多年后，我觉得这是他们给我的最好的礼物。我想再回老家，再回到熟悉的老屋，再得到这样的礼物，但给礼物的人却已经不在了。

“丧，与其易也，宁戚。”葬礼是一种民俗，有助于了解人性。有人办丧事，是比排场比鞭炮比演出比奢华。有人办丧事，没有歌舞没有烟花，反而更打动人。

（四）

3·5　子曰：“夷狄之有君，不如诸夏之亡也。”

孔子说：“夷狄还知道有君王不像周代的各个国家连君王都没有了。”

“亡”意思就是“无”。在春秋的时候，周朝有好几年没有天子，鲁国有九年没有国君。有句话叫，“国不可一日无君，天不可一日无日”。国家没有君，就会天下大乱。在古代，在封建社会确实如此。所以，一个皇帝死了，接班很重要。一旦接班人没选好，这就是一个国家动荡的开始。

但还可以有另外的读法。夷狄有君王，还不如诸夏没有君王，因为有礼。礼比君王更重要。中国古代有很多的乱世，朝代与朝代更迭之间，如果礼还在，即使君不在了，也还有希望。

比如东晋南渡。当时的一些士族很蔑视君王，蔑视王室，但由于他们看重礼，依然保存了很多的礼。所以有君也好，无君也好，如果有礼，社会不至于乱套，文化仍可长存。

（五）

3·7　子曰：“君子无所争。必也射乎！揖让而升，下而饮。其争也君子。”

孔子说：“君子没有什么可争的。如果一定要有，那就是比赛射箭吧。比赛时，相互作揖，走到堂上去。比赛后，拱手作礼，互相谦让才退下。胜者败者都一起举杯对饮。这样的竞争，才是君子之争啊。”

怎么能不争？从出生起，我们就被教育要争。通过竞争，我们成为我们。

你不是班上成绩最好的那个吗？你不是家里最有钱的那个吗？你不是表现最出色的那个吗？如果不是，那就去竞争，超越别人，成为第一个。

每年高考，为了鼓励考生，很多学校会打出响亮的横幅。我记得其中一个条幅，写着：“提高一分，干掉千人。”

公园里的花草非常美丽，它们是不是也在竞争？为了争夺阳光，争夺水分，争夺空间，争夺空气？

有割草的人来，把它们一并割下，放入编织袋，装车运走。

在人世间，在人与人的相处中，是不是也有不带竞争的那种关系呢？或者像孔子说的“君子之争”？

2021 年，日本东京奥运会男子跳高决赛现场。

意大利选手坦贝里和卡塔尔选手巴尔希姆两人多次跳过同一高度，但在挑战 2 米 39 的极限时，都没能跳过。随后，裁判员上前让他们准备通过加赛的方式来决定谁拿金牌。而最终，他们经过协商后愿意分享一枚金牌。

坦贝里曾经经历过一次几乎断送他职业生涯的伤病，并被告知，以后无法再参赛。而巴尔希姆也经历了不少的磨难。他们双双获得金牌后，坦贝里和巴尔希姆紧紧拥抱，喜极而泣。

巴尔希姆获得的这枚金牌，是卡塔尔历史上的第一枚奥运金牌，也是他个人的一大突破。

正当合理的竞争，孔子也不反对，但不要过度竞争，乃至扭曲了人性，忘记了你我生活的意义。

要有竞争的勇气，但也要有不竞争的智慧。不要把所有人都看成敌人和对手，不要把自己的人生变成炮火纷飞、残酷无情的战场。从容地生活，善意地感受，以礼待人，君子无所争。

“八佾篇”，孔子为什么这么多次不厌其烦地谈礼，也许是为了告诉我们：礼不是你死我活，而是大家都能生存得很好。

（六）

3·12　祭如在，祭神如神在。子曰："吾不与祭，如不祭。"

祭祀祖先的时候，好像祖先就在那里。祭祀鬼神的时候，好像鬼神也就在那里。孔子说："我如果不亲自参加祭祀，那就好像没有祭祀一样。"

"吾不与祭，如不祭"还有另一种解释，就是中间不加逗号的读法，"我不赞成祭祀就好像不祭祀的那个态度。"这里采用的，是前一种解释。

孔子所说，其实就是告诉我们：人要诚敬，要表里如一。

但有时候，人连外表的诚敬都做不到。一则新闻讲，一个父亲带孩子去给爷爷奶奶扫墓。人已经到了坟地，父亲已在烧香磕头，孩子还站在一旁玩手机，他没有觉得这有什么不妥。父亲非常生气，打了他。

这是个别的例子，但也说明：祭祀的神圣性在降低。有时候，哪怕是祖先，也没有了那种神圣性和庄严。

但还是有神圣存在。有一部电影叫《冈仁波齐》，讲述了一个藏族村子一群人一起去冈仁波齐山朝圣的故事。历时一年，两千多里，有孩子出生，有老人去世，但一群人脚步不停，在路上恭敬地匍匐朝圣。他们的灵魂在这朝圣的路上得到净化。

还有一个画家叫米勒，画了一幅名为《晚祷》的画。一对青年农民夫妇，在暮色中听到远处教堂钟声时虔诚祈祷。他们是感谢上帝赐予他们这一天的平安与收获，还是祈求上帝的保佑，或者是想起了某位逝去的亲人？不管怎样，它呈现出一种神圣性。

在京都，有很多神社。有些上班族上班之前，都到某个神社里跟神说说话，把心里话说出来，心里就会好很多。然后他们就去上班了。

（七）

3·13　王孙贾问曰：“与其媚于奥，宁媚于灶，何谓也？”子曰：“不然；获罪于天，无所祷也。”

王孙贾问：“与其献媚于大王爷，不如献媚于灶王爷，这是什么意思呢？”孔子回答：“如果获罪于上天，再怎么巴结献媚祈祷，都没有用了。”

儒家说，畏天命，畏大人，畏圣人之言。现在很多人无所畏惧，不畏天不怕人，唯一畏惧的，可能就是死亡。

天，在儒家来看是非常重要的东西，是最高的宗旨。有句话叫“伤天害理”，但有人不怕伤天害理。孔子不常谈天，一谈起来，这对于他，就是人生重要的时刻。

大王爷尊贵，灶王爷掌握实权，“县官不如现管”，但如果获罪于天呢？

南京玄奘寺有个住持传真法师，《南方周末》对他做过一个报道。他和官员交往比较多，曾经有个官员问他：“做了坏事，能不能消除业障？”传真法师说：“可以在政策上、在经济上去做一些善事。”后来这个官员还是落马了。

孔子以为，如果获罪于天，再怎么献媚、祈祷都没有用，人消除不了自己所犯的业障。

里仁篇第四

“里仁”篇，来自首章的第一句话：“子曰：‘里仁为美。择不处仁，焉得知？’”

多年前，我做记者，去采访古琴演奏家李祥霆。我从北京某个地铁口进去，一个小时以后，从另一个地铁口出来。我知道我来到了宣武门。我边走边问人，终于来到李祥霆所住的小区。我记住了通往小区的街道的名字：里仁街。

孔子如果穿越到今天，会不会也住在里仁街，有时候在家弹弹琴，有时候出去走走，会会朋友？

择一地而住，择一地而终老，这都是每个人要面对的问题。树上的男爵住在树上，桃花源的人还住桃花源，寻隐者的人总是不遇，而今天的我们要去哪里才能安心、放心？

我有个朋友，非常喜欢话剧，她来北京租房子住，就选北京人艺旁边的房子，其他一概不考虑。我还有个朋友，喜欢感受老北京生活，他来北京第一年就在胡同里租房子住，每天方便要去公共厕所，但他不改其乐。当然，也有朋友，为了孩子，节衣缩食去买一个学区房，以便将来对孩子考学有帮助……

有时候在夜晚，我站在家的阳台上，往窗外看，一片万家灯火。每户人家里都住着谁，他们怎么选择了怎样的居所？我总是想象，那一定有一个只属于他们自己的故事，那是他们的“里仁街”，他们的人生路。

（一）

4·1　子曰：“里仁为美。择不处仁，焉得知？”

孔子说：“住家，居住在有仁德的地方为好。 个人不知道选择住在有仁的地方，怎么可以算得上是明智呢？”

这和“孟母三迁”的故事意思相近。

孟子从小丧父，靠母亲纺纱织布拉扯长大。孟母勤劳而有见识，希望儿子读书上进，早日成才。一日，她看到儿子跟邻居家的小孩打架，觉得此地环境不好，于是搬家。

她把家搬到了荒郊野外。因为靠近墓地，儿子游戏玩耍的都是下葬哭丧一类的事，还爱学造墓埋坟。孟母看到了，于是把家搬到集市附近，孟子又学起了商人如何做买卖。孟母再次决定搬家，这次她把家搬到了一个学宫的旁边。这时孟子所学的，就是祭祀礼仪、作揖逊让、进退法度这类仪礼方面的学问了。孟母和儿子就一直住在这里。后来，孟子长大成人，发奋努力，终成一代大儒。

在今天的社会，我们选择去哪里居住？选择在哪个国家、哪个城市、哪个小区，出生、成长以至终老？我们的标准是什么呢？是为了孩子，优先考虑其教育资源，还是去一个机会更多的大城市，又或者找一个山清水秀、人杰地灵的地方终老？

孔子说，“里仁为美”。选择仁者所居的地方，这是美的。

（二）

4·2　子曰：“不仁者不可以久处约，不可以长处乐。仁者安仁，知者利仁。”

孔子说："不仁的人不能长久地处在贫困中，也不能长久地处在安乐中。仁者，自能安于仁道。智者，知道仁对自己有利才去行仁。"

钱穆《论语新解》里的一段话，可作本章节的最佳注脚。

"仁者，处己处群，人生一切可久可大之道之所本。仁乃一种心境，亦人心所同有，人心所同欲。桃杏之核亦称仁，桃杏皆从此核生长，一切人事可久可大者，皆从此心生长，故此心亦称仁。若失去此心，将如失去生命之根核。浅言之，亦如失去其可长居久安之家。故无论外境之约与乐，苟其心不仁，终不可以久安。"

（三）

4·3 子曰："唯仁者能好人，能恶人。"

孔子说："只有仁者才能真正喜欢人，才能真正厌恶人。"

一般人就不能真正喜欢人，真正厌恶人？

但凡是人，肯定有好恶之心。人心有弱点，有缺陷，有情绪，有局限，否则怎么解释一些恶人被追捧，被仰慕，收获无数粉丝。而一些善人，被误解，被冷落，少人问津。在今天的网络社会，情绪裹挟着观点，利益和虚伪交杂。个人的好恶和偏见像从山顶上滚下的雪球，越滚越大，直到把人击倒，埋葬。

孔子说："唯仁者能好人，能恶人。"仁者能超越一己之私，超越党派和阶级，明白什么是真正的好恶。

所以——

一，要有真好恶，学会用心去判断。

二，不要太把个人的好恶当作标准。多了解，多倾听，多反省，让子弹多飞一会儿，让好恶也多飞一会儿，不要着急下结论。

《圣经》里有个故事，一个妓女被人们歧视，人们想对她扔石头，而她很可能会被众多石头砸死。耶稣来了。他说："你们当中，哪个没有罪，可以拿石头去打她。"人们听了，沉默，四散去了。

（四）

4·5　子曰："富与贵，是人之所欲也；不以其道得之，不处也。贫与贱，是人之所恶也；不以其道得之，不去也。君子去仁，恶乎成名？君子无终食之间违仁，造次必于是，颠沛必于是。"

孔子说：“金钱和地位，是每个人都向往的，但是，以不正当的手段得到它们，君子不享受。贫困和卑贱，是人们所厌恶的，但是，不通过正当的途径摆脱它们，君子是不会摆脱的。君子背离了仁的准则，怎么能够成名呢？君子不会有哪怕一顿饭的时间离开仁德，即使在匆忙紧迫的情况下也一定要遵守仁的准则，在颠沛流离的时候也要和仁同在。”

孔子经历过许多艰难时刻，比如被围于陈蔡之间，整整七天七夜不能生火煮饭。他和学生们都要饿死了。有学生埋怨，言下之意很明显：“老师你教我们学仁，就是这下场？我们都要饿死了！”

孔子没有退缩，弦歌不辍。他对子路说：“我们抱仁义之道，处在这少仁少义的乱世，遭受磨难，这是很正常的事，何穷之有？内省无愧于道，临难不失其德，大寒至，霜雪降，才会知道松柏生命力之顽强。”

作家李敬泽曾评价说，这是中国文化的关键时刻。诚哉斯言！如果说陈蔡之围使得孔子妥协，便不会有后来的“至圣先师”孔子，不会有后来儒学的长盛不衰。

（五）

4·6 子曰:“我未见好仁者，恶不仁者。好仁者，无以尚之；恶不仁者，其为仁矣，不使不仁者加乎其身。有能一日用其力于仁矣乎？我未见力不足者。盖有之矣，我未之见也。”

孔子说:“我没见过喜爱仁的人和厌恶不仁的人。喜爱仁的人，没有比这更好的了；厌恶不仁的人，他的仁，是为了不使不仁的事物加在自己身上。有谁能在某一天把他的力量努力于仁呢？我没见过力量不足以努力于仁的。或许有，我没有见过。”

孔子一面强调，要达到仁是难的，他和自己的学生都很难达到。“若圣与仁，则吾岂敢？”他最赞赏的颜回，也只是“三月不违仁”；但另一面也强调，要达到仁是容易的，“仁远乎哉？我欲仁，斯仁至矣”。

人人可以在“仁”上下功夫，但仁需要终生努力。

（六）

4·8 子曰:“朝闻道，夕死可矣。”

孔子说：“早上得闻道，即使当晚死去，也可以。”

孔子给人的一个印象就是：他温和，有趣，平易近人，但有时候也很严厉。他的话非常坚定，有力，果敢，没有商量余地。比如“朝闻道，夕死可矣”，比如“君子无终食之间违仁，造次必于是，颠沛必于是”。

这有点像《圣经》里的“摩西十诫”。上帝和摩西说，除了我，你不可有别的神。还说，不可杀人，不可奸淫，不可偷盗……有一种决绝和坚定在里面。这是人与神的契约。而孔子也和众多学生、弟子订立了一个契约。

中国不像西方，曾长期处在基督教的影响之下，但儒家也有超验性。儒学世俗，也超越世俗；不是宗教，又有宗教性。比如《论语》这句：“朝闻道，夕死可矣。”

（七）

4·10　子曰：“君子之于天下也，无适也，无莫也，义之与比。”

孔子说：“君子对天下的事情，并不敌视，也不爱慕，只求符合义的要求。”

有人认为，孔子是保守主义，因为推崇周礼，所以僵化守旧，想回到从前。但从本章可以看出，孔子对天下事，是发展、运动的观点，但“唯义所在”。

（八）

4·11　子曰:“君子怀德，小人怀土；君子怀刑，小人怀惠。”

孔子说:“君子怀念的是德性，小人思念的是乡土；君子想的是法制，小人想的是恩惠。”

傅佩荣认为，“君子怀刑”里的“刑”是规范。我不太认同。我更认同钱穆的看法，他说“刑”，就是刑法。

“怀土”，也并不实指乡土，而是说，小人关心脚下的那片土地，以及土地上的实惠，也就是指眼前的利益。而君子不然，他“怀德”。

君子也“怀刑”。但法,是孔子和儒家的最低标准。更高的标准是：德，礼，仁。

（九）

4·12　子曰："放于利而行，多怨。"

孔子说："依照利来行事，心里就会多生怨恨。"

《论语》用字审慎而讲究。孔子没说，"必怨"。他说的是，"多怨"。

个人合理的利益，当然要追求。但如果一切都以逐利为目的，则会出问题，多怨。

一个农村的亲戚告诉我，他们那里养牛，牛在变成牛肉之前，要进到屠宰场。牛先被注满水，再被杀掉，牟利甚多。于是，劣币驱逐良币，不良商家更加努力往活牛身上注水，有的牛就这么被注死了。

法治社会，依法治国，给活牛插管注水的人应该得到法律的制裁。但人也需要道德的约束。人到超市，不能总对着食物发呆，想："这个是不是注过水？这食品值不值得信任？"

经济学之父亚当·斯密写了一本书叫《国富论》，很多人知道，但少有人知道他还写过另一本书叫《道德情操论》。

（十）

4·14　子曰："不患无位，患所以立。不患莫己知，求为可知也。"

孔子说："不怕没有官位，就怕自己没有学到赖以站得住脚的东西。不怕没有人知道自己，只求自己成为有真才实学值得被人们知道的人。"

今天是一个患位的时代。很多人找不到工作，就业形势压力大。"工作都没有，房租都付不起，下一步怎么办？"一定有人这么想。

画家陈丹青本来有位，但主动放弃了。他曾长达三年招不进一名硕士生。有一位女学生，连续两年绘画专业成绩位居第一，第一年英语政治各差一分，第二年英语仍未及格，依然被无情地拒之门外。陈丹青一气之下，辞去了清华美院的工作。

陈丹青成了一个无位的人。他老说自己一败涂地，看上去也的确一败涂地。他写的书，连书名都灰心、落伍、没劲，叫《退步集》，后来又写一本，叫《退步集续编》。一退再退，干脆荒废了，于是又有了《荒废集》。

但我看下去，内容吸引人。为什么？孔子云：不患无位，患所以立。”陈丹青立住了。

（十一）

4·19　子曰：“父母在，不远游，游必有方。”

孔子说：“父母活着时，子女不远游外地；即使出远门，也必须要有一定的去处。”

让父母知道子女的去处，免得担心。今天的时代，有的父母不知道子女的去处，有的子女不记挂父母的生活。

在孔子看来，父母和子女是一种关系。而关系需要双向奔赴，互相成全，不是某一方单向度的投入。

（十二）

4·26　子游曰：“事君数，斯辱矣；朋友数，斯疏矣。”

子游说：“进谏君主过于频繁，就会遭受侮辱；劝告朋友过于频繁，反而会被疏远。”

“里仁篇”多谈“仁”，数章谈“孝”，《论语》里孔子学生有若云：“孝弟也者，其为仁之本与！”孝是仁之根，培养仁心从孝悌开始。而孝悌之道，推广而成为人群关系之道。

本章节是“里仁”篇最后一章节，讲的是“五伦”关系中的“君臣”“朋友”。它让我们对“仁”有更深入的理解。

在孔子的学生子游看来，人和人之间的交往，不能太过密切。人需要有一个自由的状态，相对保持一定距离，这样才能保持个体的独立和人格的尊严。

公冶长篇第五

茨威格有本书，叫《人类群星闪耀时》，讲述14位不同国家、不同历史环境下的杰出人物和时代英雄的故事。在孔子身边，也有很多闪耀的人物，其中不乏他的学生。孔子不是一个人在闪耀，而是和学生一起闪耀，只是他是最大的那颗星。

孔子是一个教育家。孟子说："君子有三乐，……得天下英才而教育之，三乐也。"孔子的快乐，也来自他教育出很多优秀的学生。

我喜欢公冶长篇，因为孔子在这一章品评了很多人物，也讲到了他的学生。

每读此章，我仿佛看到，一辆时代的列车驶过，我还能看到那些光影中若明若暗的面容：公冶长、子贱、漆雕开、仲弓、颜渊、子贡、子路……

有一种观点讲，孔子保守。在人才的培养上，孔子其实非常具有革命性。他把贵族的精英教育推向社会大众，他最懂得人才的重要性。他在各国游说，推广自己的思想。君王看重他，因为这是一支人才的大军。

孔子的弟子，后来很多活跃在政治、外交、军事、文学等领域，留下赫赫名声。司马迁《史记》里有一篇文章《仲尼弟子列传》，讲到了孔子的弟子们，对子贡尤其浓墨重彩，形象刻画生动。子贡在当时春秋外交风云的表现，令后人神往。

（一）

5·1　子谓公冶长："可妻也。虽在缧绁之中，非其罪也。"以其子妻之。

5·2　子谓南容："邦有道，不废；邦无道，免于刑戮。"以其兄之子妻之。

孔子评论公冶长说："可以把女儿嫁给他，他虽然被关在牢狱里，但这并不是他的罪过。”于是，孔子就把女儿嫁给了他。

孔子评论南容说：“国家有道，他不会被废弃；国家无道，他也可以免去刑戮。”于是，孔子把侄女嫁给了他。

公冶长和南容都是孔子的学生，孔子了解和喜欢他们，把女儿嫁给曾坐过牢的公冶长，把侄女嫁给有原则又善于保全的南容。从这两件事，可以看出孔子的为人。

一方面是孔子对哥哥托付给他的女儿后半生幸福的周全考虑，另一方面孔子不是要选一个有财有势的人做女婿，也不以一时之荣辱来判断人的好坏优劣。

什么都需要识人，婚姻也不例外。

我有个朋友，人到中年，很想结婚。他去了北京中山公园相亲角，想碰碰运气。他在自己摊位前放了一块牌子，上写“无房无车无北京户口”。人们以同情的目光打量他，经过他，向前走去。

（二）

5·4　子贡问曰：“赐也何如？”子曰：“女，器也。”曰：“何器也？”曰：“瑚琏也。”

子贡问孔子："我怎么样？"孔子说："你好比一个器皿。"子贡又问："什么器皿？"孔子说："供奉在庙堂之上的瑚琏。"

《论语》里，孔子的三个学生很抢眼：一是子贡，二是颜回，三是子路。子贡聪明，颜回仁德，子路英勇。

孔子说："子贡好比供奉在庙堂之上的瑚琏。"这是对子贡才能的赞美。瑚琏不是一般之物，它是宗庙中的祭祀之器。

但孔子也对子贡提出期待和希望，望他能在德行上继续努力。《论语》里面有一句话，叫"君子不器"。只有发展全面，才配得上"君子"之称。《论语》里的很多话往往不孤立存在，而是彼此呼应，互为补充。所以我们了解《论语》，最好的方法是"以经解经"。

（三）

5·5　或曰："雍也仁而不佞。"子曰："焉用佞？御人以口给，屡憎于人。不知其仁，焉用佞？"

有人说："雍这个人有仁德但口才不好。"孔子说："何必要口才好呢？靠伶牙俐齿和人辩论，常使人厌恶。我不知道他是不是做到仁，但何必要口才好呢？”

雍，就是冉雍，字仲弓，也是孔子的学生，名列德行科。在“雍也篇”里，孔子也说过一句对冉雍的评价：“雍也可使南面。”孔子说：“冉雍这个人，可以治理百姓。”可见孔子对雍也很认可。但雍也有个毛病，口才不好。

现代社会，对口才的重视达到前所未有的高度。

看《论语》就知道，孔子也是一个口才极佳的人。换在今天，说不定能上《奇葩说》。孔子也重视语言表达，因此“孔门四科”会专设言语科。

但在孔门中，德行永远是第一位。这一章节，孔子表达了对口才的谨慎和担忧。言语再高妙，也得知行合一，这才是王道。也许，孔子听了太多空话、大话、假话。

（四）

5·6　子使漆雕开仕。对曰：“吾斯之未能信。”子说。

孔子让漆雕开去从政。漆雕开说：“我对此还没有信心。”孔子听了很高兴。

林子大了，什么鸟都有。孔子三千弟子，一定也有急功近利之徒，但漆雕开不是。

孔子周游列国，很倒霉，但诸侯很重视他，包括他培养出的许多优秀学生。如果老师给漆雕开推荐工作，那漆雕开的胜算概率又会高出很多。但漆雕开不要推荐信，还诚实地剖白和反省自己，这让孔子高兴。

《新京报》有个摄影记者，他总是以最快速度出现在事发现场，拿到独家新闻最多，拍照最好。他的照片获了很多大奖。后来领导提拔，让他去做摄影部主编。在一般人看来，这是飞黄腾达的好事。

最初，他也挺开心，而且待遇又好，不辛苦，不用像从前在外面到处跑，风餐露宿。但几年下来，他越过越抑郁。后来在一次演讲中，他回忆那段时间，说："我渐渐离开了一线那种激情澎湃的时光……我不断地给自己戴上枷锁，患得患失，内心懦弱，觉得被掏空了。"

于是，他选择了离开主编岗位，重新回到一线做摄影记者。他又高兴起来，生活无比充实。

人贵有自知之明。人需要知道，什么地方最适合自己。

（五）

5·7　子曰：“道不行，乘桴浮于海。从我者，其由与？”子路闻之喜。子曰：“由也好勇过我，无所取材。”

孔子说：“如果主张无法推行，我就乘着木排到海外去。跟随我的，恐怕只有子路吧。”子路听了这话，很高兴。孔子说：“子路爱好勇敢超过我，但不善于裁度事理。”

孔子最可爱的弟子“子路”，又蹦出来了。孔子宣传自己的“道”，到处碰壁，没有君王任用他。他才会有感而发，要乘着木筏漂到海外去，而他估计只有子路会跟随。子路听了还很高兴，觉得老师最了解自己。他的确是只要跟老师在一起，在哪里都很幸福。

子路有意思，他有点像《水浒传》里的李逵，也像《三国演义》里的张飞。子路跟着孔子，就像李逵跟着宋江，张飞紧随刘备，他们都鲁莽、勇敢、忠诚。尽管孔子也批评子路，但丝毫无损子路对老师的爱。

读这一章，可以对照《论语·子罕篇》里的一节。孔子想到九夷去住。有人劝他，说那地方很简陋，怎么能去住呢？孔子说：

“君子去住的地方，怎么会简陋呢？”

（六）

5·8　孟武伯问：“子路仁乎？”子曰：“不知也。”又问。子曰：“由也，千乘之国，可使治其赋也，不知其仁也。”

“求也何如？”子曰：“求也，千室之邑，百乘之家，可使为之宰也，不知其仁也。”

“赤也何如？”子曰：“赤也，束带立于朝，可使与宾客言也，不知其仁也。”

孟武伯问孔子：“子路做到了仁吧？”孔子说：“不知道。”他又问。孔子说：“子路这个人，在拥有一千辆兵车的国家里，可以让他管理军队，但我不知道他是不是做到了仁。”

孟武伯又问：“冉求这个人怎么样？”孔子说：“冉求这个人，可以让他在一个有千户人家的公邑，一百辆兵车的部族里当总管，但我也不知道他是不是做到了仁。”

孟武伯又问：“公西赤这个人怎么样？”孔子说：“公西赤这个人，可以让他穿着礼服，站在朝廷上，接待贵宾，我也不知道他是不是做到了仁。”

孟武伯问孔子对几位学生的评价，不知道是不是想进行“人才争夺战”。

孔子一一做了回答。他赞美了他的学生，但又强调，他们当中没一个做到了“仁”。

由此看出，仁并非某种才能的展示，它不容易达到。孔子心中，“仁”有沉甸甸的分量。孔子不轻易把“仁”许人。

即使孔子，也不说自己是一个仁者。“若圣与仁，则吾岂敢！”他说。

（七）

5·10　宰予昼寝。子曰：“朽木不可雕也，粪土之墙不可杇也；于予与何诛？”子曰：“始吾于人也，听其言而信其行；今吾于人也，听其言而观其行。于予与改是。”

宰予白天睡大觉。孔子说：“腐朽的木头不能雕刻，粪土的墙壁不能粉刷。对宰予这个人，我还有什么可说的呢？”孔子又说：“以前，我对待别人，听了他的话便相信他的行为；现在，我对待别人，听了他的话还要观察他的行为。我是因宰予的表现，而改变了对人的看法。”

就是因为这件事情，宰予被大家一直议论到今天。其实倒不是因为他懒，孔子生气跟他大白天睡觉没有太大关系。

孔子最后一句话是理解本章节的钥匙。“始吾于人也，听其言而信其行；今吾于人也,听其言而观其行。于予与改是。”孔子为什么生气？因为宰予言行不一。

在孔子诸多弟子里,宰予是一个非常聪明的人。他在言语科，跟子贡并列。他一定是之前跟孔子许诺过什么,但最后没有做到。这是孔子生气的原因。

（八）

5·12　子贡曰:“我不欲人之加诸我也，吾亦欲无加诸人。”子曰:“赐也，非尔所及也。”

子贡说：“我不愿意别人把他的观点强加给我,我也不想把自己的观点强加给别人。”孔子说：“赐啊，这不是你能做到的。”

子贡是一个非常骄傲的人，孔子就喜欢给他泼冷水。

《论语·卫灵公篇》里，也有一章是关于子贡的。子贡问曰：“有一言而可以终身行之者乎？”子曰：“其恕乎！己所不欲，勿施于人。”

在“公冶长篇”，子贡把它拿来跟孔子说一遍，意思是说，我已经“己所不欲，勿施于人”了。但孔子怎么说呢？孔子说，这还不是你能做到的。“你不要轻易说这样的话，骄傲的子贡同学。”

虽然孔子有那么多学生，有七十二贤人，三千弟子，但他不像某些老师搞一个大阶梯教室，对着几百人、几千人讲同一个教案。孔子有点像我们现在的小班教育，看到每个人的不同，因材施教。

现在某些老师完全忽略学生的个性，按一个模式去教育学生。孔子不赞成。

（九）

5·13 子贡曰：“夫子之文章，可得而闻也；夫子之言性与天道，不可得而闻也。”

子贡说：“老师关于《诗》《书》《礼》《乐》等的讲授，能够听得到；老师关于人性和天道的言论，是没法听得到的。”

钱穆在解读这一则时指出，“文章”不是我们现在指的这个文章，而是《诗》《书》《礼》《乐》。

孔子很少谈人性与天道。他有句话说，“性相近，习相远”，他没有讲人性善还是性恶。

性善、性恶这些问题，到了孟子和荀子才开始讲起来。

孟子说，人性向善。荀子和他的弟子，以及后来的韩非子，都认为，人性向恶。

孔子没有谈这些东西，是他不知道怎么谈吗？还是他觉得这么讲没有意义？对此，孔子是沉默的。他还说，敬鬼神而远之。孔子对不知道的东西，就保持沉默。不像我们现在有些人，对不懂的东西也照样夸夸其谈。

我有次搭车去西藏，坐一辆捷达的小破汽车，一路颠簸。快到唐古拉山山口时，天已经很晚，我们到处找住的旅店。夜里三点，我们找到并住下。我有点高原反应，吐了。吐完以后，夜里，我走出屋子，看见满天繁星，觉得自己在好起来。在这样的地方，面对这样的风景，我只想沉默，也想让大家和我一起沉默，去看看这大自然的风景。

（十）

5·14　子路有闻，未之能行，唯恐有闻。

子路听到某个道理，如果还没有来得及去实行，便唯恐又听到新的道理。

可爱的子路，他让我想起电影《阿甘正传》里的阿甘。道理再好，再高妙，讲得再天花乱坠，不去做，有什么用？我们生活里总是充满一大堆道理，可我们也有："道理都懂，但还是过不好这一生。"

于是，道理是道理，我们是我们。我们不做，傻乎乎的子路去做了。

在《论语》里，孔子总批评子路。但我觉得，孔子心底里是喜欢这个弟子的。要不然，孔子不会听到子路死的消息后，非常难过。

说一下子路的结局：他在战场上阵亡，临死不忘系好被对手砍落的帽缨。他说："君子死，冠不免。"到死，子路一刻不忘践行君子之道。

（十一）

5·20　季文子三思而后行。子闻之，曰："再，斯可矣。"

季文子每做一件事都要考虑多次。孔子听到了，说："考虑两次也就行了。"

"三思"不一定是思考三次，有时候是多次思考、不断地思考，这容易造成动作迟缓犹疑，而不去行。

凡事三思，有利有弊。对有些人，三思而后行，可能很好，对季文子则未必然。

季文子做事过于谨慎，顾虑太多。所以，从某个角度看，孔子的话不无道理。

一般有两种人格：一种是堂吉诃德式的，一种是哈姆雷特式的。前者缺乏明晰的理性，而陷入行动的狂热；后者是思考有余，而行动能力不足。孔子的意思是，你可以思考，但不要止于思考而忘了去行。

（十二）

5·28　子曰："十室之邑，必有忠信如丘者焉，不如丘之好学也。"

孔子说："只有十户人家的小村镇，也一定有像我这样忠信的人，但不能像我这般好学罢了。”

《论语》里的“学”，不是学知识，“主要在何以修心，何以为人，此为学”（钱穆语）。修心，为人，是孔门所学第一要义。

雍也篇第六

《论语》有些篇章是有主题的，而这一篇相对有些散乱，有孔子学生的故事，也有孔子对学生的点评。我有时候觉得，“公冶长篇”的那辆车还没有停，开到第六篇来了。

我读《论语》的一个体会就是，不要为找不到中心而苦恼。我们大可以很自由地走进去，《论语》不是只有一扇大门，而是有很多个入口，在每个入口你都可以进去、出来。我们可以在其中任何一页停留。

苏州园林非常值得一去。有一次我去了拙政园，不是节假日，但人也不少。我记得我往西边走，到了一片水边，人变得少起来，对面是一个亭子，像一个扇面一样打开。有一座桥通到那里。走过去，有风吹过来，我走到亭子里面，上面挂着一个匾，抬头一看，写着“与谁同坐轩”。

这个“与谁同坐”来自苏轼的一首词:《点绛唇》。

闲倚胡床，庾公楼外峰千朵。与谁同坐。明月清风我。

别乘一来，有唱应须和。还知么。自从添个。风月平分破。

读这一章或者《论语》其他章，大家也可以这样来看：一句你喜欢的话，就好像一个亭子，就好像一个“与谁同坐轩”；无人与你同坐的时候，这个句子与你同坐，与你同在。

我去过一次加拿大的温哥华。给我印象最深的，是在一些风景名胜处，或者公园，放着一把把长椅，上面镶嵌着金属铭牌。之前我还以为是生产厂家的信息，后来发现不是。那是某个人认领的椅子，上面写着对逝去亲人或朋友以至宠物的思念和寄语。

《论语》里的一个个句子就像一把把椅子，我们可以随时走到那里，坐上去感受、想象、思念。

最打动你的那个句子是哪一句呢？有些人可能会坐在“学而时习之，不亦说乎”那把椅子上，有的人可能会坐在“君子不器”

那把椅子上，有的人可能会坐在“温故而知新”那把椅子上……都可以，找到你心目中最喜欢的那把椅子。

（一）

6·2　仲弓问子桑伯子。子曰:“可也简。”

仲弓曰:“居敬而行简，以临其民，不亦可乎？居简而行简，无乃大简乎？”子曰:“雍之言然。”

仲弓问子桑伯子这人怎么样。孔子说:“可以，他办事简约。”

仲弓说:“态度严肃，办事简约，这样来治理百姓，不可以吗？态度随便，办事简约，岂不是太简单了吗？”孔子说:“你的话很对。”

子桑伯子估计是当时的一位名人，也许是《庄子》书中的“子桑户”。庄子认为他顺应自然，和别人在一起没有架子，很欣赏他。

学生仲弓问老师孔子，子桑伯子这人怎么样？孔子回答:“简”。

办事简约对治理百姓很有帮助。秦朝崩溃后，刘邦率领起义军队攻入咸阳。他与关中父老约法三章:“杀人者死，伤人及盗者抵罪，除此之外，秦朝的繁律苛法全部废除。”这个简明法令得到关中父老的欢迎和拥护。正是得益于法令的简明和百姓的支持，刘邦最终夺得天下。

仲弓就是冉雍。《论语》里讲到，子曰：“雍也可使南面。”孔子评价冉雍是可以管理百姓的。

这章节里有一个字很重要。仲弓曰：“居敬而行简”。“行简”可以吗？可以，但有个前提，就是要“敬”。人对万事万物有敬意，才会不狂妄，不自高自大，才能把事情做好。作为政治人物，身在高位，更需要“敬”。

心有敬畏，无畏，有所止。朱熹说：“君子之心，常怀敬畏。”

（二）

6·3　哀公问：“弟子孰为好学？”孔子对曰：“有颜回者好学，不迁怒，不贰过。不幸短命死矣，今也则亡，未闻好学者也。”

鲁哀公问孔子：“你的学生中，谁最爱好学习呀？”孔子回答说：“有个叫颜回的学生，最爱学习。他从不迁怒于别人，有过失能不再犯。只是他不幸短命死了。现在没有这样的人了，再也没听到谁好学了。”

孔子又想起了他最喜欢的学生，但颜回已经死了。有说是32岁死的，有说是41岁死的。不管哪个年龄段，都死得比较早，“短命死矣”。

孔子评价他的学生颜回：“不迁怒，不贰过。”

“不迁怒”。有了愤怒，能不迁往别处吗？很多人总把怒火迁怒于他人。

“不贰过”。人有了过失，很难不再犯。人一而再再而三犯错，却从不在一次过错中吸取教训。

而且颜回还那么好学，孔子从他身上仿佛看到另一个自己。孔子就是一个好学的人。现在，颜回已逝，接班人在哪里？

所以，孔子怀念颜回是有道理的。

（三）

6·6　子谓仲弓，曰：“犁牛之子骍且角，虽欲勿用，山川其舍诸？”

孔子在评论仲弓说：“耕牛产下的小牛犊，长着红色的毛，角也长得整齐端正，人们虽想不用它做祭品，但山川之神会舍弃它吗？”

仲弓家世不好，比较穷，但得到孔子的认可。孔子认为，一个贫穷的家庭，依然能培养出一个君子。

在世卿世袭的贵族体制下，孔子主张唯贤是举、唯才是用，实属难得。在今天，“血统论”的思想仍然在一些人的观念里顽固地存在着，所谓“龙生龙，凤生凤，老鼠生儿打地洞”，所谓“老子英雄儿好汉，老子反动儿混蛋”。

同时，还有一种观点流行于网络，“寒门难再出贵子”。这值得深思。在封建社会，寒门可以通过科举改变命运。而现在，仿佛没有好的家世背景，就很难出人头地。

一个正常的社会，社会阶层之间应该可以合理流动。提高社会流动性，也是一个社会保持活力、长治久安、不断前进的必要条件。

（四）

6·11　子曰：“贤哉，回也！一箪食，一瓢饮，在陋巷，人不堪其忧，回也不改其乐。贤哉，回也！”

孔子说：“真有贤德啊，颜回！一竹筒饭，一瓢水，住在穷陋的巷子里，别人受不了这种忧愁，颜回却不改变他的快乐。怎样的贤德啊，颜回！”

《论语》刻画人物，惟妙惟肖。千载之下，读这段话，仿佛能亲眼目睹孔子的表情。孔子真的最爱颜回，一头一尾，都表达出对学生的赞叹。

孔子不是说每个人都要像颜回，都住在陋巷里，吃最差的饭菜，越痛苦越好。

孔子赞叹颜回，是因为颜回的生命是由内在决定的。人活在这个世界上，哪怕是一箪食一瓢饮，依然能够让自己快乐起来。

愿抄罗伯特·勃莱一首诗中的一段，与诸君分享：

宫殿，游艇，静悄悄的白色建筑，

凉爽的房间里，大理石桌上有冷饮。

贫穷而听着风声也是好的。

这也让人不禁想起《晋书·陶潜传》里的那一句：“尝言夏月虚闲，高卧北窗之下，清风飒至，自谓羲皇上人。”

（五）

5·17　子曰:“谁能出不由户？何莫由斯道也？”

孔子说：“谁能外出而不从大门走呢？为何没有人肯从人生的大道而行呢？”

人不走大门难道爬窗户出去吗？正道上一个人都没有，去哪儿了，都走小道了？

假设某人按正常的途径去考试、应聘、经商，屡屡失败，而有人走捷径、走关系得到了本该属于他的工作、机会和荣耀。他知道了后面的真相，会怎么想？

假设在一个贪污腐败的环境下，如果有人不贪污、不腐败却屡屡受挫，他会发出如孔子一般的感叹吗？“正道上的人，都去哪儿了！”

孔子的话，像旷野里的钟，仍在鸣响。

（六）

6·19　子曰:“人之生也直，罔之生也幸而免。”

孔子说：“人应该生活得正直，不正直的人也能生存，那是靠侥幸避免了祸害。”

孔子描述了人的一种处境，但还有另一种处境：有的人直，却被说成“愚”“蠢”。有的人不直，不仅能生存，还生存得很好。

但正直的人呢？也有遭遇了祸害的例子。就像俗语里说的，“好人没好报，祸害遗千年”“人善被人欺，马善被人骑”。

那么，孔子所说，到底是理想，还是真相？我相信钱穆说的：“正如不仁之人而得生存，亦赖人群之有仁道。若使人群尽是不仁不直，则久矣无此人群。”

（七）

6·20 子曰：“知之者不如好之者，好之者不如乐之者。”

孔子说：“知道它的人不如喜欢它的人，喜欢它的人不如从心底以它为乐的人。”

三种状态：知道它，喜欢它，以它为快乐。孔子一步一步深入，带我们追寻和领略人生最令人向往的境界。

（八）

6·29　子曰：“中庸之为德也，其至矣乎！民鲜久矣。”

孔子说：“中庸之德，是最高的了！人们已经很久不再拥有了。”

“中庸”是儒家思想的核心范畴之一。朱熹《论语集注》里说：“中者，无过无不及之名也。庸，平常也。……程子曰：‘不偏之谓中，不易之谓庸。’”综合来看，就是不偏不倚，不过无不及，谓之中；应用于日常生活，并长期坚持，谓之庸。

中庸又被理解为“中道”“中行”，不偏向于对立双方的任何一方，使双方保持均衡、和谐、完满的状态。大到国家政党，小到公司家庭，就是要平衡各方的意见，使得事物变得协调与均衡，这是孔子和儒家所追求的理想状态，它不容易获得，被概括为“中庸”。

中庸，不是骑墙，不是和稀泥，不是软弱，它也有原则和坚守的道。

述而篇第七

这篇讲了孔子很多侧面。可以找李安或小津安二郎根据这篇拍一个孔子的电影。孔子不仅仅是说话，他还有很多喜欢做的事情，有他的兴趣爱好、好恶，不是一个僵化的圣人形象了。

孔子说自己好久没梦到周公了。他也说自己“述而不作”,不搞创作发明，只是在收集整理古代的典籍文化。他也做梦，为很久没梦到周公而伤心。他下班以后，也不正襟危坐。我就想，他是不是有时候也会去泡脚。

在“述而篇”里，我们会看到一个非常有意思的孔子。孔子参加葬礼怎么坐，在死者家属旁边吃东西，他从不吃饱。这跟我一样。我高中当过一年班长，那时候我们团支书的父亲因为车祸去世了。我和班主任代表全班同学去他家参加葬礼，带着全班人的问候，还有大家捐的慰问金。屋子里根本坐不下，农村的空地上摆了很多张桌子，很多人一起吃饭，我当时真的吃不进去。

孔子还喜欢学习。在这一篇，学习的大火依旧熊熊燃烧。我们可以在各个角落里看到。在第一篇里，我们就知道了孔子热爱学习，在这篇里我们还会了解到更多。他说："三人行，必有我师焉。"他还说了对金钱的看法。他喜欢音乐。听到好的音乐，他还会不停地回味乃至于"三月不知肉味"。在今天，孔子会不会去逛某个唱片行，买几张自己喜欢的黑胶唱片，拿回家来听？

他喜欢看书。在今天，他应该会去逛逛书店。另外，他不喜欢谈怪、力、乱、神。

他喜欢钓鱼，喜欢打鸟，但是也仁慈，他有他的限度。有时候我想，我应该介绍孔子去观鸟，因为我就认识几个观鸟的组织，有空也会去观鸟，这样可以和孔子同路。孔子还喜欢唱歌，他会去卡拉 OK 一下吗？

"述而篇"仿佛诞生于这样一个时刻：孔子死了，他所有的朋友和学生重又回来，相聚在一起。他们一起回忆孔子，写下了这一篇。

在回忆的那个场合里，每个人都畅所欲言，说出了从孔子那儿学到的最重要的话。孔子那么深地影响了他们，每个人都把自己的一小块拼图贡献出来，这样就连缀出属于大家的一个共同的孔子。

就像“述而篇”最后一章节里说的：“子温而厉，威而不猛，恭而安。”这看似矛盾和对立的两种品性，在孔子身上达成一种奇妙的融合。孔子是温和的人，而他又那么严厉；让人恭敬，却让人觉得心安和可以亲近。

（一）

7·1　子曰：“述而不作，信而好古，窃比于我老彭。”

孔子说：“记述而不创作，相信并喜爱古代文化，我想自己很像我们的老彭吧。”

“老彭”，一说是指商代的某位贤大夫。

正是因为对过去和传统怀着极大尊敬，孔子才成为古代文化的传承者和守护者。

梁思成想保住古老的北京城，当时很多人不听他的。历史证明，北京城要是根据梁思成的意见得到保留，它会成为全世界最宏伟壮丽的古都。

在一个提倡万众创新的时代，孔子的话显得保守了。但反过来想想，很多的创新难道不是在“挂羊头卖狗肉”吗？

“述而不作，信而好古”，孔子这句话，和他说过的许许多多话一起，像“三人行，必有我师焉”“若圣与仁，则吾岂敢”等，共同构成了一个谦虚的孔子。

（二）

7·4　子之燕居，申申如也，夭夭如也。

孔子在家闲居的时候，很整齐，也舒坦而适意。

忙碌如孔子，也有闲下来的时候。林语堂《生活的艺术》里，讲到了悠闲的重要性。书里有句话：“世间万物尽在过悠闲的日子，只有人类为着生活而工作。”林语堂做了一个比较，美国人的忙碌和中国人的悠闲。他觉得，美国人应该来学习中国人的悠闲，中国人有闲的艺术。

但在今天，中国人不得闲，不能闲，不知如何闲。我们被压抑、紧张、焦虑的情绪所困扰。但我们其实是有闲暇的，也需要闲暇。

而孔子，也并非一副生气、紧张、痛苦，令人望而生畏、望而生厌的假道学模样。他也有快乐的时候、闲暇的时候。他的神情是舒缓的，他的动作是舒展的。

想起苏轼，他曾被关在乌台监狱，遭遇人生重大危机，差点死在牢里。后来被贬到黄州，他也能轻松、快乐起来。他写道："东坡居士酒醉饭饱，倚于几上，白云左绕，清江右洄，重门洞开，林峦坌入。当是时，若有所思而无所思。以受万物之备，惭愧！惭愧！"

所以，一个饱经磨难的人也可以是愉快的。孔子如此，苏轼如此，我们也可以这样，"申申如也，夭夭如也"。

（三）

7·5　子曰："甚矣吾衰也！久矣吾不复梦见周公！"

孔子说："我衰老得很厉害呀！我已经好久没有再梦见周公了。"

周公即姬旦，西周开国元勋，周文王姬昌第四子，周武王姬发的弟弟。采邑在周，故称周公。周公制礼，是周公一生最主要的功绩之一。他把周朝建立以来的典章制度、礼仪文化都整理好并付诸实行，对中国历史文化的发展产生了深远影响。

生活在周公时代之后的孔子，面对自己的这个时代，深感它是如此混乱。孔子想担负起中国文化承前启后的责任。

梦不见周公，这可能是一个征兆。周公是孔子最心仪、最尊崇的人物。梦见周公，就和景仰的精神在一起了。梦见想梦见的人，人就不会孤单，觉得在世界上依然被照看，被眷顾，被鼓励。

结果，很久没有梦见周公。孔子觉得自己老了。不仅是人身体的衰老，更是人心的衰老。这是让孔子害怕的地方。

人因梦想而伟大。孔子劳碌一生，梦想依旧渺茫。他发出悲叹，并不表示就放弃了梦想。事实上，他那复兴周公之道的梦想依然强烈，依然在路上。

（四）

7·6　子曰：“志于道，据于德，依于仁，游于艺。”

孔子说：“以道为志向，以德为根据，以仁为倚靠，熟练掌握六艺。”

这可以说是孔子思想的教学总纲。

注意排列顺序：先志于道，你先要有人生理想。然后你要据于德，依于仁，游于艺。

道，就是人生的康庄大道，人生的理想。

德，就是个人修养，每个人修养不同，所以要修德。

据于德，钱穆说，“据”，固执地坚守义，道行在外，德修在己。求行道于天下，先自守己德，如行军作战，必先有根据地。按照钱穆的意思，越是积德行善的人，根据地越大。

依于仁，就是人依照“仁”来为人处世。

游于艺，钱穆说，“游”，意为“游泳”，“艺”，为人生所需。孔子时，礼乐射御书数，谓之六艺。人之习于艺，如鱼在水，忘其为水，斯有游泳自如之乐。故游于艺，不仅可以成才，亦可以进德。

由此而见，孔子的教育思想并不枯燥乏味。相反，既丰富多彩又活泼生动。

（五）

7·7　子曰:“自行束脩以上，吾未尝无诲焉。”

孔子说:“凡十五岁以上的，我没有不给予教诲的。”

什么是束脩？古代的贵族15岁进大学，他要带束脩，也就是十条干肉。但如果没有干肉呢？孔子不教他吗？不，颜回很穷，原思也没钱，但孔子都收了，他们后来还都成为孔子最著名的弟子。所以，孔子此处的意思是，“15岁以上的人”。

孔子打破了当时只有贵族子弟才能继续升学的限制，开了为平民讲学的先河。到后来，科举制度的实行，为国家培养和选拔更多人才创造了有利条件。而科举制度的理论基础，便来自孔子的教育智慧。

今天是一个网络信息发达的时代，一些高校还开设网络公开课，并把一些线下的资源搬到网上，这对知识的流动和学习很有好处。

北大一直有旁听的传统，这来自北大校长蔡元培。他倡导“思想自由、兼收并蓄”，要求“各学系有缺额时，均得收旁听生”，北大变成了许多热血青年游学的圣地。其中，沈从文也作为旁听生到北大听课。几年前，北大也有保安通过旁听蹭课，自学考上了北大。

（六）

7·12　子曰：“富而可求也，虽执鞭之士，吾亦为之。如不

可求，从吾所好。”

孔子说：“如果富贵合乎于道就可以去追求，即使是给人执鞭的下等差事，我也愿意去做。如果富贵不合于道就不必去追求，那就还是按我的爱好去干事。”

我身边，这些年越来越多的同事或者朋友，平常看着挺文静或者挺内向，突然有一天，告诉我说，买股票了。还有朋友开公司，鼓励我去买比特币之类。

很多人因此变了，钱没有赚到，人越变越焦虑。

我求富，求财，也求健康，求快乐，求身心的宁静。金钱这种东西是可以一直去求的，但它不会有一个尽头。你有一份月薪五千的工作，你可能还想要一份月薪一万的工作。我刚毕业，是在 2003 年，在长沙，几百块钱一个月，每个月都会往上涨一点，充满诱惑和盼头。后来涨到月薪五千的时候，我辞职了，觉得那不是自己想干的工作。孔子说：“如不可求，从吾所好。”

菲茨杰拉德有一本小说，叫《了不起的盖茨比》。一个穷小子自幼梦想做一个大富翁，后来得偿所愿。但他最想求的是什么呢？一份爱情。但爱情没有求到，即使他得到了巨大的财富。

（七）

7·19　叶公问孔子于子路，子路不对。子曰：“女奚不曰，其为人也，发愤忘食，乐以忘忧，不知老之将至云尔。”

叶公问子路，孔子是一个什么样的人？子路没有回答。孔子说：“你为什么不回答他说，他这个人嘛，用起功来忘记了吃饭，沉溺于快乐而忘记了忧愁，不知道自己要老了。如此而已。”

子路不回答，也许是有千言万语也不知如何描述孔子，这需要高度的概括能力。

孔子对自己蜻蜓点水般的描述，反而能看出孔子的心。

《论语》里，孔子多次提到快乐。“有朋自远方来，不亦乐乎？”“知之者不如好之者，好之者不如乐之者。”“贫而乐，富而好礼。”“人不堪其忧，回也不改其乐。”

这一章节里又有“乐以忘忧，不知老之将至云尔”。这是孔子的自画像：一个充满青春活力和朝气，活到老学到老，不知老之将至的、快乐的人。

泰伯篇第八

在《论语》前几篇，讲到过曾子。在“泰伯篇”里，曾子更闪亮地登场了，好几章都是他。他说：“可以托六尺之孤，可以寄百里之命，临大节而不可夺也。”他说：“慎终追远，民德归厚。”他也说：“以文会友，以友辅仁。”他还说：“士不可以不弘毅，任重而道远。”曾子就好像一个名言制造机。

这篇里面为什么有这么多曾子？曾子是谁？

孔门里有非常重要的一支，叫“颜曾思孟”。颜、曾、思、孟是四个人。“颜”是颜回，也就是颜渊，死得比较早，没什么学生。“曾”就是曾子，即曾参，他有一些弟子。“思”就是子思，是孔鲤的儿子。“孟”就是孟子。

在孔庙，挨着孔子身边，最近的几个塑像，一般就是他们四人。

曾子是孔门里年纪最小的学生。《史记》里说，他比孔子小46岁。最初孔子评价他，“参也鲁”，就是说他有点笨。可能他比较小，或者是他比较老实。实际上，他后来不断精进，对孔子和对儒家发展做出很多贡献。

曾子参与编撰了《论语》；而曾子的学生也是《论语》这本书最后的编撰者。曾参的学生讲述曾子，会怎么称呼老师呢？尊为“曾子”。《论语》里面很多东西就这么原生态地保存下来，被后人看到。

曾子还撰写了《孝经》《大学》。他培养了孔子的孙子子思，子思后来写成了《中庸》。

（一）

8·1　子曰：“泰伯，其可谓至德也已矣。三以天下让，民无得而称焉。”

孔子说：“泰伯，大概可以称得上道德至高无上了。多次把天下让出来，百姓无法得知因而无法称赞他。”

泰伯，即太伯，周文王祖父。周朝先祖古公亶父有三个儿子：老大太伯、老二仲雍，老三季历。季历生子，为姬昌（周文王）。古公亶父想把王位传给最小的儿子季历，太伯和仲雍为了成全父亲就跑了，跑到后来的吴国。那后来，周朝就传到季历手上了，然后才有周文王、周武王，以及后来近八百年周朝的天下。太伯则成为吴国第一代君主，吴文化的鼻祖。

“泰伯第八”为什么把此章作为全篇之首？有什么用意吗？要回答这个问题，就需要明白泰伯“三让天下”有何价值和意义。让是礼的一个重要特征。礼和让，密不可分，所谓“礼让”。古代有“孔融让梨”的故事，让一个梨还好，在所有的“让”里面，“让天下”最难。

古代因为争夺皇位而引发兄弟相残、国家动荡的事情，不绝于史书。国家与国家之间的关系也是这样，都不让，于是今天各种国家保护主义和单边主义盛行。而泰伯不仅让了一次，还连让三次，并且不是虚伪的客套，他真的放弃王位了。

周朝到了春秋时期，周王室频繁爆发王位争夺战。难怪孔子会慨叹，古风不再！所以他赞赏泰伯：“可谓至德也已矣。”

（二）

8·4 曾子有疾，孟敬子问之。曾子言曰："鸟之将死，其鸣也哀；人之将死，其言也善。君子所贵乎道者三：动容貌，斯远暴慢矣；正颜色，斯近信矣；出辞气，斯远鄙倍矣。笾豆之事，则有司存。"

曾子得了重病，孟敬子来问候。曾子说："鸟将要死时，叫声是悲哀的；人将要死时，说话也多善言。君子要把握三个方面：容貌要庄重威严，这样可以避免粗暴和怠慢；神态和颜色要端庄，这样容易使人信服；言辞和声调要稳重，这样可以避免鄙陋和狂妄。至于礼仪方面的细节，自有主管其事的人去负责。"

孟敬子是鲁国的大夫，他以官员的身份来看望曾子。曾子说："鸟之将死，其鸣也哀；人之将死，其言也善。"这似乎是临终寄语了。看看曾子有什么金玉良言赠给鲁国的大夫孟敬子？

明朝思想家王阳明临终前说的是："我心光明，夫复何言。"

李斯被腰斩时，最后的遗言是和儿子说的。他说："吾欲与若复牵黄犬，俱出上蔡东门，逐狡兔，其可得乎！"和儿子牵黄狗，出东门外打猎，是李斯临死前的愿望。但没有可能了。

文天祥死前的话，写在遗书上。“孔曰成仁，孟曰取义。唯其义尽，所以仁至。读圣贤书，所学何事？而今而后，庶几无愧。”

来看看曾子说了什么？他说：

“君子要把握三个方面：容貌要庄重威严，这样可以避免粗暴和怠慢；神态和颜色要端庄，这样容易使人信服；言辞和声调要稳重，这样可以避免鄙陋和狂妄。至于礼仪方面的细节，自有主管其事的人去负责。”

对比王阳明、李斯、文天祥，曾子的话感觉既不励志，又没有煽动性，反而婆婆妈妈、啰啰嗦嗦，好像温吞水。不知道孟敬子听了曾子的话，满不满意？

晚清时期重要的政治家、思想家康有为看了这段话以后，大失所望，因此批评道：

“《论语》即辑自曾门，而曾子之学专主守约。观其临没郑重言君子之道，而乃仅在颜色容貌辞气之粗，……宋叶水心以曾子未尝闻孔子之大道，殆非过也。……曾门弟子之宗旨学识狭隘如彼，而乃操采择辑纂之权，……其必谬陋粗略，不得其精尽，而遗其千万，不待言矣！但颜子、子贡、子木、子张、子思辑之，吾知其博大精深，必不止是也。又，假仲弓、子游、子夏辑之，吾知其微言大义之亦不止此也。……《论语》只为曾门后学辑纂，但传守约之绪言，少掩圣仁之大道，而孔教未宏矣。故夫《论语》

之学实曾学也，不足以尽孔子之学也。”

康有为的评论泼辣而锋利，有部分道理，但也失之偏颇。

曾子的话，是针对孟敬子说的。孟敬子是政治人物，他来问，曾子也因此而回答。

政治人物要做到动容貌、正颜色、出辞气，看上去很平实、很表面，但真正做到，也不容易。今天许多政治人物要么狂妄，要么鄙陋，要么粗俗，要么毫无诚信……曾子要孟敬子远离的品格，全都在。

曾子病重，大限来临，疾病正折磨一个心力交瘁、垂垂老矣的老人。可曾子，还在说人要庄，要正，要信。

曾子稳重、平实，也有气象宏大的一面。在《论语》里，他说过：“可以托六尺之孤，可以寄百里之命，临大节而不可夺也——君子人欤？君子人也。”他还说：“士不可以不弘毅，任重而道远。仁以为己任，不亦重乎？死而后已，不亦远乎？”掷地有声，声震古今。

后来，子思师从曾子，孟子师从子思的门人。孟子思想里的大气磅礴，冥冥中似乎也有曾子在影响。

（三）

8·6　曾子曰：可以托六尺之孤，可以寄百里之命，临大节而不可夺也——君子人与？君子人也。

曾子说："可以把幼小的国君托付给他，可以把国家的命运也交给他，生死关头，他也不放弃操守。这种人是君子吗？这种人是君子。"

古人以七尺为成年，我们常说"我堂堂七尺男儿"，言下之意是"我成年了"。"六尺"，也指十五岁以下。"可以托六尺之孤"，意思是作为托孤大臣，辅佐幼主。这样的人不好找。有的没有能力帮助主持朝政和治理国家；有的有能力，但贪欲重，随时会夺了新皇帝的皇位。

"百里"，指大国。"百里之命"，指摄国政，这样的大臣也不容易找。

曾子对"君子"的看法是：不仅修身齐家，而且可以治国平天下。君子不仅是要做有德之人，而且要有能力，有意志，有水平。这和老师孔子的观点是一致的。

（四）

8·7　曾子曰:“士不可以不弘毅，任重而道远。仁以为己任，不亦重乎？死而后已，不亦远乎？”

曾子说:“士人不可以不刚毅,因为他肩负的责任重大而路程遥远。把仁作为自己的责任,难道不是重大的吗?直到死才停下,难道不是路途遥远吗?”

《论语》里，有些话亲切平实，像春风拂面，像老友坐在我们对面，和我们娓娓道来。而有一些，我们仿佛要正襟危坐，像面对一场考试。有些则是一个个故事，听完若有所思。而曾子的这句话，像一根鞭子，狠狠抽在人身上；又像一把刀，狠狠扎在人心里面。

我们问自己:“我能做到吗?”

“里仁篇”有一章节，曾子认为，老师孔子的道，概括一下就是两个字，“忠恕而已”。忠和恕，对人的心性修为确实很重要，但孔子的精神似乎不能被它们所统括。

在“泰伯篇”里,曾子应该是更深地领会了孔子思想的精髓。“仁以为己任,不亦重乎?”我们可以想象，说“忠恕而已矣”时，那可能是曾子早期对老师的感受。而这个时候，曾子到了晚年，他已经历尽沧桑，真正理解了孔子。

将“仁”作为自己的责任，这个担子能不沉重吗？

直到死才停下脚步，这个路程还不遥远吗？

这真是生命不息、战斗不止的旅程；这真是鞠躬尽瘁、死而后已的旅程。

（五）

8·9　子曰：“民可使由之，不可使知之。”

孔子说：“可以使民众由着我们的道路去做，不可以使民众知道为什么要这样做。”

这是孔子的一句很有争议的话，许多人认为它包含着浓厚的愚民思想。康有为把它断句为：“民可，使由之；不可，使知之。”意思是：“民众认可，就让他们照着做；民众不认可，就让他们设法了解。”将孔子民主化。

这有矫枉过正、为贤者讳的嫌疑。

读《论语》，“以经解经”比较好。另外，把《论语》的话带到当时的语境里去理解、解读，为佳。孔子是春秋战国时代的人，他不在任何别的时代存在。

孔子那个年代，民智未开，没有网络，没有手机，没有报纸，教育还是少数人的专利，认字的人在整个社会占比也很少。

那么，在民智未开的时代，政府推行政策就不可能让所有民众都知道，这牵涉到成本、效率，还有现实。它只能是“民可使由之，不可使知之”。但如果下结论说，孔子不重视民智，则过于武断。孔子创办私学的目的之一，就是开启民智。所以，理解孔子的话，不能脱离当时的语境。

而如果孔子生活在今天，他也一定会与时俱进。

子罕篇第九

这一篇有点像“述而篇”。学生把心目中各自孔子的形象,组成了一幅孔子的“拼图”。孔子和学生的交谈,使人如见其人,如沐春风。

（一）

9·1　子罕言利，与命，与仁。

孔子很少谈利，多讲命和仁。

和一个人聊天，看他说的话，可以知道他的为人。

孔子是很少谈利的人，不是不谈，而是不多谈。儒家肯定人们正当的利益追求，反对的是那些被功利蒙蔽双眼、将仁义道德抛诸脑后，甚至为利益而不择手段的小人。

如果孔子和儒家重利轻义，会什么样呢？儒家会成为后来中国的主导思想吗？一个国家、民族没有道德的支撑，如何延续千年？

另外，孔子谈命和仁。

孔子知道，人各有命，他说过“五十而知天命”。“天”赋予了某种需要个人来完成的使命。孔子觉得自己肩负传播文化的使命，而他也强调，“命”包含着人的主动性，人可以通过努力去掌握自己的命运，所谓“安身立命”“不知命，无以为君子也”。

孔子也讲仁。从《论语》开篇到最后，仁始终是孔子乃至儒家思想的核心。

（二）

9·2　达巷党人曰：“大哉孔子！博学而无所成名。”子闻之，谓门弟子曰：“吾何执？执御乎？执射乎？吾执御矣。”

在达巷这个地方有人说:“孔子真伟大啊！他学问渊博，而没有一项使之成名的专长。”孔子听后，对学生说:“我专长于哪个方面呢？驾车呢？还是射箭呢？我还是驾车吧。”

达巷党人对孔子的评价，赞美中带着可惜。“博学如孔子，怎么没一项拿得出手的专长呢？”

“我会开车。”这是孔子的幽默，也可以看作他的谦逊。

也可以这么理解这一章节：孔子不看重一个人的专长。他曾说过:“君子不器。”孔子在意的，是别的更重要的东西，那事关一个人的德行。

（三）

9·4　子绝四——毋意，毋必，毋固，毋我。

孔子杜绝四种毛病：不凭空臆测，不独断，不固执，不自以为是。

人常常很自我、自恋、自以为是，这是人人都可能犯的毛病，所谓人性就是如此。孔子很早就意识到了，所以提出了人要戒掉四样东西，即：毋意、毋必、毋固、毋我。

首先是“毋意”。孔子告诫我们，做任何事情，都要有证据，不能随意猜测。就像《列子》里“疑人偷斧”的故事。从前有个乡下人，丢了一把斧子。他怀疑是邻居家的儿子偷去了，观察那人走路的样子，像是偷斧子的。看那人的脸色表情，也像是偷斧子的。听他的言谈话语，更像是偷斧子的，那人的一言一行、一举一动，无不像偷斧子的。

后来，丢斧子的人找到了那把斧子，再留心察看邻居家的儿子，觉得他走路的样子，不像是偷斧子的。他的脸色表情，也不像是偷斧子的。他的言谈话语，更不像是偷斧子的了。那人的一言一行、一举一动，都不像偷斧子的了。

其次是毋必。不固执己见，听不进别人的意见，或者不许别人发表意见，这样做非常容易犯错误，引发严重后果。

再次是毋固。事情是变化的、发展的，要以发展的、变化的眼光看万事万物。所谓此一时，彼一时也。

最后是毋我。就是不要总考虑自己，自我膨胀。孔子告诫我们，做人不能过于自大，要懂得低调行事，谦虚做人。

在一生的学习中，孔子为什么一直不说自己是仁者和圣人？就是他远离了这四样东西：毋意、毋必、毋固、毋我。尽管别人称他为仁者，但他认为自己只是在通往仁的路途之中，离圣人更有相当的距离。这是孔子的谦逊，也是他的自省和明智。

（四）

9·5　子畏于匡，曰："文王既没，文不在兹乎？天之将丧斯文也，后死者不得与于斯文也；天之未丧斯文也，匡人其如予何？"

孔子在匡地被拘围，他说："周文王死后，文明礼乐不是保存在我们这里吗？如果上天要消灭这种礼乐文明，那我们这后死之人也就不会掌握这种礼乐文明了；如果上天不想灭除这种礼乐文明，匡地的人能把我怎么样呢？"

这句话发生的背景是这样的：孔子带着众学生从卫国到陈国去，经过一个叫"匡"的地方。当年鲁国阳货叛乱从鲁国逃出，路过匡地时杀人放火、抢劫钱财，因此匡人对此人非常痛恨。

据说阳货和孔子长相相似，而且两人都是鲁国曲阜口音，匡地的人就误以为阳货又来了，把他们团团围困，根本不给孔子和众学生解释的机会。众人只好且战且退。

眼看匡人越聚越多，众学生都很害怕，而孔子不慌不乱，继续弹琴唱歌。据说，匡人觉得奇怪，觉得阳货不会唱歌。后来发现认错人了，就放了他们。

这是一场误会，却成为孔子一生中遭遇到的绝境。万分危急关头，孔子始终不动声色，他又一次提到“命”，相信自己肩负振兴和光大文明的使命：“上天如果要断绝这使命，那是我该死。上天如果不想灭绝它们，我便不会死。”

一语千金，绝境方显英雄本色。

在这世界上，总有人相信，自己带着天赋使命而来，不完成，誓不罢休，死不瞑目。

民国学者梁漱溟也认为自己带着使命而来。在青年时代，他写下《吾曹不出如苍生何》这篇文章，其中一句“我今不为，而望谁为之乎？”让人泪目。

后来抗战期间，侵华日军对重庆进行轮番疯狂轰炸，梁漱溟无所畏惧，不去躲警报，照常在家看书著作，一心工作。“虽泰山崩于前，亦可泰然不动；区区日寇，不足以扰我也。”他还说：“‘为往圣继绝学，为万世开太平’，此正是我一生的使命。……我若死，天地将为之变色，历史将为之改辙，那是不可想象的，万不会有的事！”这话，颇像孔子在匡地所言；这情境，又和孔子在匡地的遭遇何其相似。

也许正是孔子在匡地的表现，从此在中国知识分子心中竖起一块奠基石，支撑起后来人前赴后继、一生为之奋斗的信念。

（五）

9·11　颜渊喟然叹曰：“仰之弥高，钻之弥坚。瞻之在前，忽焉在后。夫子循循然善诱人，博我以文，约我以礼，欲罢不能。既竭吾才，如有所立卓尔。虽欲从之，末由也已。”

颜渊赞叹孔子说：“我抬头仰望，越望越觉得老师高大；我越深入学习，越觉得不可穷尽。看着老师好像在前面，忽然又像在后面。老师很能循序渐进地引导我们学习，他以知识广博我的见解，又以理智规范约束我的行为，使我想停下来都不可能。我用尽了我的全力，却好像有一个十分高大的东西立在我前面，虽然我想要追随上去，却没有前进的路径了。”

颜渊是孔子最爱的弟子，德行科第一，他的人格魅力已经在《论语》里有所体现，但当他说起自己的老师时，我们才发现真是“山外有山，人外有人”。

孔子最重要的教育思想是什么？他留给学生最宝贵的财富是什么？

汪曾祺的老师是沈从文。他永远记得，自己在上海曾经找不到工作备受打击，情绪降到了谷底，想自杀了事。这时，沈从文从北平写信给他，说：“你手中有一支笔，怕什么。”就是这句话，让汪曾祺重拾信心，从此走出阴霾，一步步走向光明的未来。

叶嘉莹的老师是顾随。叶嘉莹说：“我之所以在半生流离辗转的生活中，一直把我当年听先生讲课时的笔记始终随身携带、唯恐或失的缘故，就因为我深知先生所传述的精华妙义，是我在其他书本中所绝然无法获得的一种无价之宝。古人有言‘经师易得，人师难求’，先生所予人的乃是心灵的启迪与人格的提升。”

老师的人格魅力对学生的影响，无远弗届。正如汪曾祺回忆沈从文，叶嘉莹回忆顾随，颜渊想起孔子。

（六）

9·13　子贡曰：“有美玉于斯，韫椟而藏诸？求善贾而沽诸？”子曰：“沽之哉！沽之哉！我待贾者也。”

子贡说：“这里有一块美玉，是把它收藏在柜子里呢？还是找一个识货的商人卖掉呢？”孔子说：“卖掉吧！卖掉吧！我正在等着识货的人呢。”

这是成语“待价而沽”的出处。

孔子很希望为世所用。但和某些求官求职的人不同，孔子的内心和他们有很大差别。孔子是待价而沽,不是没有底线的乞求。孔子有他的尊严和风骨。

最珍贵的人才无人赏识，不是个人的悲哀，而是国家和时代的悲哀。好的时代，贤君贤相会想尽办法去发现人才，而不是相反，人才处处碰壁，处处走投无路，只能如龚自珍一般喊出:“我劝天公重抖擞，不拘一格降人才。”

北宋官员张方平到成都任父母官，求贤若渴，等到发现了三苏父子（苏洵、苏轼和苏辙），欣喜若狂，视若珍宝，建议他们到京师获取功名，并给欧阳修写了推荐信，又为他们备好鞍马行装，派人护送。

这是北宋之所以成为北宋的原因之一。

（七）

9·19　子曰:“譬如为山，未成一篑，止，吾止也。譬如平地，虽覆一篑，进，吾往也。”

孔子说:“譬如用土堆山,只差一筐土就完成了,这时停下来,这是我自己停止了啊。譬如在平地上堆山，虽然只倒下一筐，这时继续前进，我也就做下去了。”

从细微处做起，日积月累，定有大成，定能改变世界。这是孔子的世界观。

荀子《劝学篇》有一段文字与本章精神有暗合之处，抄写如下：

“积土成山，风雨兴焉；积水成渊，蛟龙生焉；积善成德，而神明自得，圣心备焉。故不积跬步，无以至千里；不积小流，无以成江海。骐骥一跃，不能十步；驽马十驾，功在不舍。锲而舍之，朽木不折；锲而不舍，金石可镂。”

孔子和儒家的语言里，有中华文化的真精神在。

乡党篇第十

从“述而篇”“子罕篇”尤其是“乡党篇”中,我们看到了孔子日常生活的更多侧面。它们共同为某个有雄心的传记作者或纪录片导演提供了难能可贵的描写孔子的素材。

（一）

10·1　孔子于乡党，恂恂如也，似不能言者。其在宗庙朝廷，便便言，唯谨尔。

10·2　朝，与下大夫言，侃侃如也；与上大夫言，訚訚如

也。君在，踧踖如也，与与如也。

孔子在乡里，温和而恭顺，好像不会说话。

他在宗庙、朝廷上，说话明白晓畅，但是很谨慎。

上朝时，与下大夫说话，温和而快乐；跟上大夫说话，正直而坦诚。君主临朝时，恭敬而不安，走起路来却又安详适度。

孔子在乡党、宗庙、朝廷等不同场合下言行容貌的不同，能让我们看到，孔子对礼如何践行。

孔子如何运用语言，如何表达，什么时候说，什么时候多说，什么时候保持沉默。

孔子不是一个自大的人，尤其在乡党之间，那是父兄宗族的所在，所以他“恂恂如也，似不能言者”。但在宗庙、朝廷之上，孔子担负着责任，而他对不同的人方式、态度，一举手一投足，都表达出礼的行为规范。

（二）

10·3　君召使摈，色勃如也，足躩如也。揖所与立，左右

手，衣前后，襜如也。趋进，翼如也。宾退，必复命曰：“宾不顾矣。”

国君召孔子迎接外国使臣，他的脸色是庄重的，他的脚步非常快，他向一同立着的其他人作揖，向左边拱手，向右边拱手，他的衣裳前后摆动，非常整齐而利落。他快步向前走的时候，那个衣摆飘起来，好像鸟儿张开它的翅膀。使臣辞别，他一定回来向国君复命说：“客人已经走远了。”

读这段文字，一个重礼的孔子栩栩如生，如在目前。

孔子曾经担任过政府的重要职位，很多事情他都要做，包括接见外国使臣，他如果自己都不懂礼，就会贻笑大方。

但有关礼，不仅表现在外交上，也表现在生活的方方面面。我印象深刻的，是陈丹青经历的一件小事。

某一年，他到罗马旅游，走进一家古董店，问店主——也是一位很有风度的老先生——古董的价钱。问了几件，老先生都说不卖。陈丹青不解，问：“为什么不卖呢？”老先生说了实话：“这是我的店，你进来了，不跟我打招呼，就在那里看，然后问我卖不卖，我不卖。陈丹青脸红了，脸前所未有地红。

陈丹青后来在一篇文章里写道，这让他想起小时候：“你小时候、你年轻时不礼貌、调皮，甚至粗鄙，情有可原，尤其在那么一个粗暴荒凉的时代；可是岁数大了，我六十多了，在罗马，在文艺复兴的故国，不经意之间，小时候‘文革知青’那种没教养，那种粗鄙的人格，就露出来，这位老人把我点醒了。”

（三）

10·6 君子不以绀緅饰。红紫不以为亵服。

当暑，袗絺绤，必表而出之。

缁衣，羔裘；素衣，麑裘；黄衣，狐裘。

亵裘长，短右袂。

必有寝衣，长一身有半。

狐貉之厚以居。

去丧，无所不佩。

非帷裳，必杀之。

羔裘玄冠不以吊。

吉月，必朝服而朝。

君子不用（近乎黑色的）天青色和铁青色来做衣服领子和袖边，不用浅红色和紫色做便服。

暑天，穿细或粗的葛布做的单衣，一定加上外衣。

黑衣配羔羊皮袍；白衣配小鹿皮袍；黄衣配狐皮袍。

居家穿的皮袄长一些，但右袖子要短一些。

睡觉有小被，长度是人身长的一半。

用厚厚的狐貉皮做坐垫。

服丧期满，任何饰物都可以佩戴。

不是上朝和祭祀时穿的礼服，一定有连缝。

不穿羊羔皮袍和黑色礼帽去吊丧。

每月初一，一定穿朝服上朝。

这是礼在服装上的体现。

到了明清时期，礼更是事无巨细地统治了人们尤其是居高位者的衣服穿戴和一言一行。

黄仁宇《万历十五年》里，是这么描述万历皇帝的：

“参加各项礼仪，皇帝需要频繁地更换冠服，有时达一日数次。服饰中的皇冠有一种为金丝所制作，精美绝伦，而又不同于欧洲式的全金属皇冠。皇帝在最隆重的典礼上使用的皇冠是‘冕’，形状像欧洲学者所戴的‘一片瓦’，不过冕上布板是长方形而非正方形，前后两端各缀珍珠 12 串。这种珠帘是一种有趣的道具，它们在皇帝的眼前脑后来回晃动，使他极不舒服，其目的就在于提醒他必须具有端庄的仪态，不能轻浮造次。和冕相配的服装是饰有豪华刺绣的黑色上衣和黄色下裙，裙前有织锦一片，悬于腰带之上而垂于两腿之间，靴袜则均为红色。

“在次一级隆重的典礼上，皇帝服用全部红色的‘皮弁服’，实际上也是他的军装。其中的帽子，和今天体育家所用的瓜形圆盔极为相似，有带，系在脖子上。这种帽子和当时武将军上所用的头盔也并没有多大区别，不过将士的盔是布质内藏铁片，外装铁钉；皇帝的皮弁则以皮条折缀而成，外缀宝石以代铁钉。

“黄色的龙袍，常常被看作中国皇帝的标准服装。其实在本朝，这种服装只在一般性的仪式上服用。在不举行仪式的时候，皇帝的常服则是青色或黑色的龙袍，上缀绿色的滚边。”

从远古到现代，“礼”随着岁月的不断积淀而成为文化，但礼也容易走向僵化，束缚人的身心。所以近代以来，全国掀起一股从身体解放到服饰解放的风潮。

民国时期，政府终于废除了女性的缠足陋习，女性服装样式也开始顺应多样化、个性化且符合女性参与社会工作等的要求，出现了女式制服、运动服、工作服等，发型妆饰也去掉了繁杂的头饰，代之以简洁的发式。

这都是对故步自封的“礼”的解放。

（四）

10·8　食不厌精，脍不厌细。

食饐而餲，鱼馁而肉败，不食。色恶，不食。臭恶，不食。失饪，不食。不时，不食。割不正，不食。不得其酱，不食。

肉虽多，不使胜食气。

唯酒无量，不及乱。

沽酒市脯不食。

不撤姜食，不多食。

粮食不嫌精细，鱼肉不嫌制作精细。

粮食放久了会腐烂，鱼和肉腐烂，不吃。食物颜色难看，不吃。气味难闻，不吃。烹调不当，不吃。不当时，不吃。砍割方式不正确，不吃。没有一定调味的酱醋，不吃。

席上肉虽多，吃它不超过主食。

只有酒不限量，却不至于醉。买来的酒和肉干，不吃。

吃完了，姜不撤除，但也不多吃。

本章说明孔子如何对待饮食。有人说，孔子很挑剔，这并不准确。他喜欢颜回："贤哉，回也！一箪食，一瓢饮，在陋巷，人不堪其忧，回也不改其乐。”孔子自己也说：“饭疏食饮水，曲肱而枕之，乐亦在其中矣。”很简单的食物，孔子也可以吃得津津有味。

我们有时候，也会比较随便地吃点东西，这分情况，分场合。比如说，我们因为忙，可能也会点个快餐，没法做到“食不厌精，脍不厌细”。孔子也没讲无论什么时候都必须“食不厌精，脍不厌细”。

饮食上，有些注意是必要的。吃到有问题的食物，会很危险。我们在网上也看到，吃了不洁食物后，有的人生命都不保。

而孔子也注意养生之道。他很注意身体，不乱吃，不瞎吃东西。而“不时，不食”，是讲吃东西要应时令、按季节，到什么时候吃什么东西。而它表达出中国人的饮食和季节、环境、日常生活的紧密联系，构成了中国人心中时间和万物生长的秩序。

如今，随着科技的发达和生活条件的改善，我们对于食物可谓饭来张口、随心所欲，吃法更是花样翻新。但也有越来越多的有识之士重拾起“不时不食”的传统，因为这样不仅吃得安全，也吃得健康和美味，能调理人的身体状态，使人和万事万物、天地自然的关系更自然，更融洽。

吃饭是小事，也是大事，也能反映一个国家和民族的文化心理。不管中国还是外国，东方还是西方，在饮食上都很讲究，《论语》里孔子的一句“割不正,不食”不能道其万一。这也是“礼”在饮食上的反映。违礼之食不吃。

（五）

10·27　色斯举矣，翔而后集。曰:“山梁雌雉，时哉时哉！”子路共之，三嗅而作。

野鸡惊飞,在空中盘旋一阵落下。孔子说:“这些山梁上的野鸡，时间真巧！时间真巧！”子路拱拱手，野鸡便叫了几声，飞走了。

这是《论语》的“乡党篇”的末章:孔子和学生子路一道，往山上走，碰到了野鸡……

野鸡以前我也碰到过。印象最深的一次，是几年前在北京周边的一座山上。我们去看植物，迷路了。到下午，阳光耀眼，山谷静如太古,没有别人,我们的汽车缓慢地爬上一个小坡。突然，一样东西从非常近的一个树丛里腾空而起，飞出老远，张开的翅膀很美，像一道彩虹。最后我们看明白了，那是野鸡。

而孔子走近，野鸡没有飞远。它们一度惊吓得飞起来，四散一会儿，又降到孔子周围。此情此景让孔子不禁感慨，但子路也想去接近这群野鸡时，它们却飞走了。

这一章到底什么意思呢?

这一篇各个章节都在讲礼，孔子如何鞠躬，如何握手，如何告别，如何穿衣，如何吃饭……最后，彬彬有礼的孔子碰到了野鸡。连鸟都愿意亲近孔子，这是怎样的魅力呢?是孔子的魅力，是礼的魅力，还是彼此作用到一起发生的化学反应?

礼因时、因地、因势而变。商周朝的礼、近代的礼和今天的礼都有不同，但核心是一样的。礼不是压抑人性、束缚人性的，礼是和谐，是和平，是美。

哪位孔子的学生，把这一则编辑在《论语》“乡党篇”的末尾?不能不让人心生佩服。它给了我们一个机会，让我们联想：礼到底是什么?野鸡消失之处，可能就是我们思考开始之处。

先进篇第十一

孔子又一次想起他的学生，回顾和他们在一起的时光，而这也是对自己过去的回顾，对自己一生的回顾。和他的学生们的对话中，也反映出孔子自己在政治、礼仪、道德等思想上的追求和倾向。

（一）

11·2　子曰:“从我于陈、蔡者，皆不及门也。”

孔子说:“跟随我在陈、蔡之地的学生，现在都不在这里了。”

孔子和学生困于陈蔡，以至绝粮，这是孔子人生最困难、最危险的时刻。

此章很可能是孔子晚年回到鲁国后，回首往昔艰难，情不自禁的感言。此时，共患难的学生们有的各奔前程，更有的已先于自己而离世，孔子于是发出浩叹。

孔子和学生们的感情，溢于言表。

（二）

11·4　子曰:“回也非助我者也，于吾言无所不说。”

孔子说:“颜回不是对我有帮助的人，我说的话他没有不感到愉快的。”

孔子最喜爱颜回，但也有遗憾。颜回闻一知十，很少提问。但“学问学问”，学从问中来，多问才能教学相长。子夏、子贡、子路……都喜欢问问题，唯独颜渊，听到孔子的话，默记于心，欣然接受，无所疑问。

孔子希望颜回能多提问。

（三）

11·7　季康子问：“弟子孰为好学？”孔子对曰：“有颜回者好学，不幸短命死矣，今也则亡。”

季康子问：“你的学生中，谁最好学？”孔子回答：“有一个叫颜回的最爱好学习，不幸短命死了，现在没有这样的学生了。”

这是孔子最想念颜回的原因。

（四）

11·8　颜渊死，颜路请子之车以为之椁。子曰：“才不才，亦各言其子也。鲤也死，有棺而无椁。吾不徒行以为之椁。以吾从大夫后，不可徒行也。”

颜渊死了，颜渊的父亲颜路请求孔子把车卖了来买棺椁。孔子说：“才与不才，都是各自的儿子。我儿子孔鲤死了，也是只有棺，没有椁，我不曾卖车徒步行走来替他买外椁。因为我跟随在大夫之后，不可徒步出门。”

孔子喜爱颜渊，但也不能违礼。

（五）

11·9　颜渊死。子曰:“噫！天丧予！天丧予！”

颜渊死了，孔子说:“天亡我！天亡我！”

孔子很少说这样痛彻心扉的话。可见颜渊在他心目中，地位有多重要。

（六）

11·10　颜渊死，子哭之恸。从者曰:“子恸矣！”曰:“有恸乎？非夫人之为恸而谁为？”

颜渊死了，孔子哭得极其悲痛。跟随孔子的人说:“您悲痛太过了！”孔子说:“悲痛太过了吗？不为这样的人悲痛还为谁悲痛呢？”

这一篇从第七章节到第十一章节，都在说颜渊的死，都在说孔子因此而伤心。

“恸”，这个字一旦用出来，就不是一般的哭，是最痛彻的哭。就像《红楼梦》中，恸也不是轻易出来。有一次是贾宝玉听闻林黛玉吟出《葬花吟》，因此恸倒在山坡上。

最好的弟子颜回早亡，谁来继承老师思想的精髓，并将儒学发扬光大？孔子因此恸哭。

这样的恸哭，似乎违背孔子平常教导学生“感情要适度”的要求。但不矫饰不造作，敢于流露真情的行为，也是孔子所看重的，和儒家理念并不矛盾。

人要符合社会的礼制，但人也要真和诚。虚伪的礼外表再好看，孔子也一毫不取。

至情至性如孔子。

（七）

11·11　颜渊死，门人欲厚葬之。子曰：“不可。”

门人厚葬之。子曰：“回也视予犹父也，予不得视犹子也。非我也，夫二三子也。”

颜渊死了，学生要用厚礼埋葬他。孔子说：“不可以。”

学生仍然厚礼埋葬了他。孔子说：“颜回把我当父亲看待，我却不能像对待儿子一般对待他。这不是我的主意呀，是学生们干的。”

即使对最爱的学生，孔子也不愿失去原则。

不以情伤礼，也不以礼伤情，孔子以身示范，告诉了他的学生以及后来所有人该怎么做。

（八）

11·12　季路问事鬼神。子曰：“未能事人，焉能事鬼？”曰：“敢问死。”曰：“未知生，焉知死？”

季路问怎样去侍奉鬼神。孔子说：“没能侍奉好人，怎么能侍奉鬼呢？”季路问：“请问死是怎么回事？”孔子回答说：“还不知道活着的道理，怎么能懂得死呢？”

孔子和儒家关心此生此世，对超出此生此世的事物存而不论，“敬鬼神而远之”。

而有些思想学派和宗教，关注来生来世；它们认为，此世只是人暂时栖居的地方，人所做的一切准备，都是为了来世，那才是人长久的倚靠，是家园。基督教也认为，人是为了将来不到地狱，而去往天国。

（九）

11·26　子路、曾皙、冉有、公西华侍坐。

子曰："以吾一日长乎尔，毋吾以也。居则曰：'不吾知也！'如或知尔，则何以哉？"

子路率尔而对曰："千乘之国，摄乎大国之间，加之以师旅，因之以饥馑；由也为之，比及三年，可使有勇，且知方也。"

夫子哂之。

"求！尔何如？"

对曰："方六七十，如五六十，求也为之，比及三年，可使足民。如其礼乐，以俟君子。"

"赤！尔何如？"

对曰："非曰能之，愿学焉。宗庙之事，如会同，端章甫，愿为小相焉。"

"点！尔何如？"

鼓瑟希，铿尔，舍瑟而作，对曰：“异乎三子者之撰。”

子曰：“何伤乎？亦各言其志也。”

曰：“莫春者，春服既成，冠者五六人，童子六七人，浴乎沂，风乎舞雩，咏而归。”

夫子喟然叹曰：“吾与点也！”

三子者出，曾皙后。曾皙曰：“夫三子者之言何如？”

子曰：“亦各言其志也已矣。”

曰：“夫子何哂由也？”

曰：“为国以礼，其言不让，是故哂之。”

“唯求则非邦也与？”

“安见方六七十如五六十而非邦也者？”

“唯赤则非邦也与？”

“宗庙会同，非诸侯而何？赤也为之小，孰能为之大？”

子路、曾点、冉有、公西华陪孔子坐着。

孔子说：“不要因为我年纪大一点，你们就有所顾虑。你们平时说：‘没有人了解我呀！’假如有人了解你们，那你们想干什么呢？”

子路立即回答说：“一个拥有一千辆兵车的国家，夹在大国之间，加上外国军队的侵犯，又遇上饥荒；如果让我治理，只要三年，就可以使人民勇敢善战，而且懂得做人的道理。”

孔子听了，微微一笑。

又问：“冉求，你呢？”

冉求回答说：“方圆六七十里或五六十里的小国，如果我去治理，三年以后，可以使民众富足。至于礼乐教化，那只有等待君子来了。”

孔子又问：“公西赤，你怎么样？”

公西赤回答说：“我不敢说能做到什么，但我愿意学习。宗庙的事情，以及诸侯会见，穿着礼服，戴着礼帽，我愿意做一个小小的司仪者。”

孔子又问：“曾点，你怎么样？”

曾点在弹瑟，听老师叫他，弹瑟的声音稀疏下来，铿的一声停下，站起身来，对老师回答道：“我的想法和他们三人不一样。”

孔子说：“那有什么关系？也不过是各自谈谈自己的志向罢了。”

曾点说：“暮春时节，穿着刚刚做好的春天的衣服，和五六个成年人，六七个少年，到沂水里洗澡游泳，在舞雩台上吹吹风，唱着歌走回家。”

孔子长叹一声说：“我赞成曾点的想法呀！”

子路、冉有、公西华都出去了。曾点走在最后，他问孔子：

“他们三人说得怎样？”

孔子说：“也不过是各自谈谈自己的志向罢了！”曾点说：“老师为什么笑仲由呢？”

孔子说：“治理国家要讲让，可他讲话却一点不谦让，所以笑他。”

曾点又问：“那冉求讲的，就不是国家吗？”

孔子说：“六七十里或五六十里的地方哪里就不是国家了呢？”

曾点又问：“那公西赤所讲的，不是国家吗？”

孔子说：“宗庙祭祀和诸侯会同之事，不是国家大事，又是什么？如果公西赤只做一个小相，那谁能来做大相呢？”

这篇很有名，是《论语》里最长的一个章节，也是“先进篇”最后一章节，是最美的一个画面。

几个学生在孔子面前谈了个人的理想。一个说，让国家安定；一个说，让老百姓富足；一个说，以礼乐来教化人民。这些都是孔门重要的事情，孔子也经常以此为内容教导先生。但为什么，曾点的话却最得孔子的心呢？

来看看曾点的理想：

“莫春者，春服既成，冠者五六人，童子六七人，浴乎沂，风乎舞雩，咏而归。”

其他几个学生的理想，富国强兵、安邦治国、教化民众，孔子并没有否定。但曾点的理想像一株带着露珠的小草冒出来，打动了孔子。它是那么自然，那么悠然自得，那么妥帖而又和谐。

孔子和儒家希望，人应该葆有一个自然、真实、快乐的人性。

近现代以来，有思潮批判儒家“礼教吃人”，但那是针对僵死的无仁之礼。它没有人性的关怀，只有片面的等级服从。

在这章，没有看到吃人的礼教，相反，看到的是人性的美好。当一种文化流淌千年，我们不妨去它的发源地走走，看看儒家最初的模样。

中国历史上，很多人都是儒家的信徒。像陶渊明、苏轼等，他们不僵化，不拘谨，不呆板，你能从他们身上找到曾点“浴乎沂，风乎舞雩，咏而归”的影子，儒家的思想在他们的身体里流淌，他们跟《论语》里“先进篇”的这一章节彼此映衬，遥相呼应。

颜渊篇第十二

本篇，讲孔子教育学生如何实行仁德，如何为政和处世。

其中著名的文句有："克己复礼为仁，一日克己复礼，天下归仁焉"；"非礼勿视，非礼勿听，非礼勿言，非礼勿动"；"己所不欲，勿施于人"；"死生有命，富贵在天"；"四海之内，皆兄弟也"；"君子成人之美，不成人之恶"；"君子以文会友，以友辅仁"。

（一）

12·1　颜渊问仁。子曰："克己复礼为仁。一日克己复礼，

天下归仁焉。为仁由己，而由人乎哉？”

颜渊曰：“请问其目。”子曰：“非礼勿视，非礼勿听，非礼勿言，非礼勿动。”

颜渊曰：“回虽不敏，请事斯语矣。

颜渊问什么是仁。孔子说：“约束自己以符合礼，就是仁。如果有一天这么做，全天下都感受到你的仁心和仁爱。这完全靠自己，难道还能靠别人吗？”

颜渊说：“请问具体做法。”孔子说：“不合乎礼的事情不去看，不合乎礼的事情不去听，不合乎礼的事情不去说，不合乎礼的事情不去做。”

颜渊说：“我虽不够聪明，请让我按照这番话去做。”

颜渊是孔门里面最好学的学生，他问了一个重要的问题：“什么是仁？”

“仁”，是孔子最重视的个人德行修养。它由孔子最喜欢的、资质最高的弟子来问，孔子自要郑重回答：“克己复礼为仁。”

这个回答在20世纪，曾引起了很多争议，直到今天。

“克己复礼”，为什么要克己？我们从小就带着各种束缚、枷锁、观念，被压抑得没有了自己，为什么还要克制？我们克制得还不够吗？在今天这个时代，我们难道不是要张扬自己、展现自己、解放自己吗？

因为，“自己”里有不好的东西。正如西方哲人叔本华说过的，人受欲望支配，人也非常自私。而孔子的解放方案是，“克己复礼为仁”。作为个人，依礼而行，就能驾驭欲望这匹野马，就能成为仁者，由此可见礼的重要性。

“为人由己，而由人乎哉？”孔子又一次强调，人应该自觉、自愿、主动地去实践礼的要求。

而具体怎么做呢？孔子回答颜回：“非礼勿视，非礼勿听，非礼勿言，非礼勿动。”

在孔子看来，礼囊括所有。天下之大，凡所接触，“视、听、言、动”，礼指导人的一切行为。随着时代的发展，我们今天也回不到古礼的社会。但礼的精神和内核不会变，就是“仁”。太多的礼，正是因为没有仁，成了“虚礼”“非礼”。

（二）

12·2　仲弓问仁。子曰：“出门如见大宾，使民如承大祭。己所不欲，勿施于人。在邦无怨，在家无怨。”

仲弓曰：“雍虽不敏，请事斯语矣。”

仲弓问什么是仁。孔子说:“平常出门就像见重要宾客，管理人民好像承担着重要祭典。自己不愿意要的，不强加于人。在邦国中对工作不怨恨，在家中也不怨。”

仲弓说:“我虽然不聪明，请让我按照您的话去做。”

仲弓问仁，孔子的回答又不一样。

孔子侧重了两方面，一个是“敬”，一个是“恕”。

“敬”就是“出门如见大宾，使民如承大祭”。对人有敬意，对事有敬畏。把自己看得很小、很低，才能生出敬畏之心。

“恕”就是“己所不欲，勿施于人”。类似于耶稣基督的宽恕精神，佛教的平等主义。

于是，仲弓听了孔子的话后，说:“我虽然笨，请让我按照您的话去做。”的确，说得天花乱坠，表决心，表忠心，没用。去做！听其言，观其行，知行合一。

（三）

12·3　司马牛问仁。子曰:“仁者，其言也讱。”

曰:“其言也讱，斯谓之仁已乎？”子曰:“为之难，言之得无讱乎？”

司马牛问什么是仁。孔子说:“仁者说话总是很迟钝。”

司马牛说:“说话迟钝,这就可以称作仁了吗?”孔子说:“做起来难,说话能不迟钝吗?”

孔子很有意思,三个人问仁,孔子给的答案都不一样。

我没见过司马牛,不知道他是不是个话痨?孔子和弟子谈话,总是因材施教。孔子这么说,一定有缘由。

孔子不是不知道如何运用语言。看《论语》就知道,他是语言大师,也是说话高手。放在今天,孔子参加《奇葩说》选秀,过五关斩六将,也不是不可能。

但孔子不会这样做。因为他早就认识到了语言的局限性。语言可以有欺骗性,语言可以背离人的行为,语言也可能死亡和僵化。所以孔子说:“巧言令色,鲜矣仁。”

海德格尔说:“语言是存在的家园。”而孔子在语言这个家园里,不停地洗着语言的衣服。他希望它们保持清洁,他希望它们能忠实地反映人的内在品格,他希望它们能重焕语言的光芒……

(四)

12·11 齐景公问政于孔子。孔子对曰:“君君,臣臣,父

父，子子。”公曰：“善哉！信如君不君，臣不臣，父不父，子不子，虽有粟，吾得而食诸？”

齐景公向孔子询问如何治国理政。孔子回答道：“君主有君主的样子，臣子有臣子的样子，父亲有父亲的样子，儿子有儿子的样子。”齐景公感叹道：“说得好啊！假如君王不像君王，臣子不像臣子，父亲没有父亲的慈爱，儿子没有儿子的恭谨，那么即便有粮食，我能吃上吗？”

“君君、臣臣、父父、子子”，从20世纪到现在，很长一段时间内，很多人不太有好感，觉得这就是封建专制的一个代名词。

读《论语》，第一要“以经解经”，第二要回到孔子那个时代去理解它当初的意义。在那个时代，齐景公问政，孔子这么回答，没有问题。君臣父子，这几对关系是人生最主要、最重要的关系，如果做好，就会构成稳定的关系，使得社会和谐，国家太平。君是君，臣是臣，父是父，子是子，这个政治是清明的，是好的。

但今天，这种关系已经发生改变，有的不存在了，比如君臣。我们没有君，清朝灭亡之后，再没有君王。没有君，自然也没有臣。

但我们还有父子关系，依然可以去追寻孔子所说的稳定的父子关系。稳定的关系，需要的是彼此的互动与合力。

但现在的家庭跟以前的家庭大不一样。我们现在都是小家庭，面临各种各样的挑战和考验，有很多不稳定的因素。有的同事或朋友，前几年还好好的，隔一两年不见，有的离婚了，有的分手了，小孩随父亲或母亲，或者都不想要，未来的家庭要走向何方？还会有家庭吗？

现代社会将每个人抛到了人群中，人人成为所谓的“原子人”。但人人也渴望一种稳定的关系，渴求别人给予温暖和帮助。

《论语》有意思的地方就在于，我们可以在学校里面读，也可以从学校毕业出来后读，还适合在社会打拼很多年、有了更多生活积累后再去读它。不要那么着急地去否定它，说它是威权的、父权的、专制的、束缚人性的。走过一圈再读一读，会有新的、不同的体会。

（五）

12·12　子曰：“片言可以折狱者，其由也与？”

子路无宿诺。

孔子说：“一两句话就可以对官司做出判决的，大概只有子路吧！”

子路答应的事情，从不拖延过夜。

一方面，子路性急、果断、直率；另一方面，他守信。

做人，要像子路一样，一诺重千金。

守信，是人非常重要的品格。中国古代也有很多这样的故事。其中，“季札挂剑”是广为流传的一个。

春秋时代的季札，他第一次出使，路过北方的徐国。徐君十分喜欢季札的佩剑，却没有说出来。季札心里却知道了，但他要戴着佩剑出使别国。后来出使回来，再回到徐国，徐君已经去世。季札解下宝剑，挂在徐君墓前的树上。

他的随从说：“徐君已经死了，这是要送给谁呢？”季札说：“不是这样，我当初心里已经决定要把这剑送给他了，怎么能因为他死了就违背自己的诺言呢！”

（六）

12·14 子张问政。子曰：“居之无倦，行之以忠。”

子张问如何处理政事。孔子说：“居于官位不疲倦，执行政务要忠诚。”

子路问政的时候，孔子就回答了，“先之劳之”，“无倦”。这一次，又提到“无倦”。可见，无倦有多重要。

作为管理者，处理政务并不一定能时时做到勤政，人总有想偷懒的时候。所以处理政务不知疲倦、善始善终，很不容易。

别说管理者，普通人上班都会倦怠。所以，就有人嫌上班时间过得太慢，“摸鱼”变成了常态。工作也厌倦了，有人觉得“上班如上坟”。

也可能不仅仅是厌倦了工作，人厌倦得太多，甚至厌倦了原本热爱的东西。有时候，连旅行都厌倦了。人到底是怎么了？他厌倦了生活。

（七）

12·16 子曰：“君子成人之美，不成人之恶。小人反是。”

孔子说：“君子成全别人的好事，而不促成别人的坏事。小人则与此相反。”

“成人之美”，万古流芳。远离小人，亲近君子。

（八）

12·23 子贡问友。子曰：“忠告而善道之，不可则止，毋自辱焉。”

子贡问与朋友的相处之道。孔子说：“忠心劝告并善意引导他，如果不听从也就罢了，不要自取其辱。”

这种交友处世之道，至今有用。孔子的劝阻，是有分寸的。作为朋友，该说的都说了，能尽的责任和义务都尽到了，对方可能也有难处，也有隐衷。作为一个朋友，不停地劝告他，如果处理不好，最后可能朋友都没得做。适可而止，反而保住了朋友的尊严和体面。

朋友之间虽是真诚的，但也讲礼。礼，会让人注意分寸、距离。每个人都是独立而平等的，朋友亦如是。

（九）

12·24　曾子曰："君子以文会友，以友辅仁。"

曾子说："君子通过学问、文章来聚会朋友，通过朋友来辅助仁的成长。"

君子就要互相辅助，共进于仁德，彼此砥砺。"如切如磋，如琢如磨。"

1925年，英敛之和著名爱国人士马相伯在北京建了一所天主教大学，学校名叫辅仁大学，就取自《论语》本章中的"君子以文会友，以友辅仁"。

现在，辅仁大学已经不在了，有一部分并入了北京师范大学。但还有一些老建筑还在，值得去逛一逛，很美。

子路篇第十三

“子路篇”有很多地方都在谈政治。它像是“为政篇”的补充。是有关如何治理国家的政治主张、孔子的教育思想、个人的道德修养与品格完善，以及“和而不同”的思想。

（一）

13·1　子路问政。子曰：“先之劳之。”请益。曰：“无倦。”

子路问为政之道。孔子说：“自己先要身体力行，带好头，然后让老百姓勤劳工作。”

子路请求多讲一些。孔子说：“不要懈怠。”

“先之”这个词，很重要。钱穆先生的解释是：“先之者，尤贵能以身先其民而劳，故民劳而不怨。”

2020年年初，坐标上海。新冠疫情发生后，许多人记住了一名医生——华山医院感染科党支部书记张文宏。

疫情防控处于关键时刻，张文宏做了两个决定：第一，自己每周去病房查房，至少一到两次；第二，把华山医院感染科第一批冲上疫情第一线的医生全部换岗，换成科室的所有共产党员。

他还说了两句话，流传到网络上，很多人记住了。一句是：“党员冲在最前线，什么是前线？现在就是！”另一句是：“这个时候没有讨价还价，党员先上！我带头上！”

谁先之？孔子说，主政者先之。谁先之？张文宏说，党员先之，我先之。

时代的回响。念念不忘，必有回响。

为政者应该把这一章节铭记在心，作为自己的座右铭。

（二）

13·2　仲弓为季氏宰，问政。子曰：“先有司，赦小过，举

贤才。”

曰：“焉知贤才而举之？”子曰：“举尔所知；尔所不知，人其舍诸？”

仲弓做了季氏的总管，问怎样管理政事，孔子说：“先于各级部门的人员来负责工作，不计较小过错，提拔优秀人才。”

仲弓说：“怎么知道哪些人是贤能的人而去提拔他们呢？”孔子说：“提拔你所知道的，那些你所不知道的，别人难道会埋没他吗？”

“贤能政治”是中国政治文化的核心。从此章可以管窥一二。

仲弓问孔子怎样管理政事，孔子回答他：“举贤才。”接着仲弓又问了一个问题：“到哪儿去找贤才？”这也是现在很多公司老板头疼的问题。孔子教给仲弓一个找寻人才简单易行的办法：举尔所知。

刘备三顾茅庐，请诸葛亮出山，就是给全天下人打了一个靶子：他要选贤任能。所以举世知之，无数贤人，刘备不用请，都会如过江之鲫，纷至沓来。这是示范效应、虹吸效应。

所以说，领导者真的想选贤任能，不如学刘备。

当然，一个好的完备的制度，比从茫茫人海中寻觅人才，要先进百倍。

比如科举制度，是中国封建社会最公平的人才选拔形式，吸收了大量出身中下层社会的人才进入统治阶级。特别是唐宋时期，科举制度显示出勃勃生机，涌现出大量人才，唐宋才成为中国古代文化发展的一个黄金时代。

一个好的国家，一个好的朝代，是人才辈出的时代。而一个坏的时代，人才报国无门，一辈子无用武之地。所以晚清龚自珍疾呼：“我劝天公重抖擞，不拘一格降人才。”

另外，人无完人，孰能无过。领导者不用苛求于人才的细枝末节，顾虑重重，乃至浪费了人才。所以孔子说：“赦小过，举贤才。”孔子很有人情味。

（三）

13·4　樊迟请学稼。子曰：“吾不如老农。”请学为圃。曰：“吾不如老圃。”

樊迟出。子曰：“小人哉，樊须也！上好礼，则民莫敢不敬；上好义，则民莫敢不服；上好信，则民莫敢不用情。夫如是，则四方之民襁负其子而至矣，焉用稼？”

樊迟向孔子请教如何种庄稼。孔子说:“我不如老农。”樊迟又请教如何种菜。孔子说:“我不如老菜农。”

樊迟退出以后,孔子说:“樊迟真是小人。在上位者只要重视礼,老百姓就不敢不敬畏;在上位者只要重视义,老百姓就不敢不服从;在上位的人只要重视信,老百姓就不敢不用真心实情来对待你。要是做到这样,四面八方的老百姓就会背着自己的小孩来投奔,哪里用得着自己去种庄稼呢?”

别人问孔子种庄稼的事,他不理。这是孔子不喜欢劳动人民,轻视体力劳动吗?

“文革”时期,也有人把它作为孔子的罪状之一,说知识分子假清高,“批林批孔”。

孔子早年贫贱,这是事实,他也不会否认,他也从事过畜牧业。但他为什么说樊迟“小人”呢?孔子的意思是,樊迟应该问更根本性的问题:种庄稼不是,政教才是。如果在另一种场合谈种庄稼,孔子可能会教他。

每个人都有主要问题、次要问题,就像人生有大道有小道。孔子的意思是,人不要在小道上走来走去。樊迟可以做一个很优秀的农民,但如果不知道大道,老师孔子会很遗憾。樊迟来到他这里,应该是来学大道的,否则那是找错了门。

樊迟走后，孔子还骂他是“小人”。“小人”这个词，可以有多种理解。孔子也说过自己是“小人”。“小人”在当时的意思，可以理解为“普通百姓”。不像今天，“小人”带有辱骂和厌恶的味道。

（四）

13·8　子谓卫公子荆：“善居室。始有，曰：‘苟合矣。’少有，曰：‘苟完矣。’富有，曰：‘苟美矣。’”

孔子谈到卫国的公子荆，说：“他善于治理家政。当他刚开始有财物时，便说：‘差不多够了。’当稍微多起来时，就说：‘将要足够了。’当财物到了富有程度的时候，就说：‘真是太完美了。’”

卫公子荆懂得如何居家的道理，不管处在哪个阶段，都能以愉悦的态度来接纳和欣赏。因此得到孔子的赞扬。

人充满欲望，但又欲壑难填。满足和不满足，这两种感受直接决定了我们的情绪。有人总感叹命运的不公，整天怨天尤人，似乎从来都看不到自己拥有的一切，因此失去了许多原本属于自己的、简单的快乐。

有些人得到的不算多，却一直很满足。在他看来，所拥有的一切都是上天的恩赐，所以很感激。感激之情生出快乐之心。

（五）

13·18 叶公语孔子曰：“吾党有直躬者，其父攘羊，而子证之。”孔子曰：“吾党之直者异于是：父为子隐，子为父隐——直在其中矣。”

叶公告诉孔子说：“我的家乡有个正直的人，他的父亲偷了人家的羊，他告发了父亲。”孔子说：“我家乡的正直的人和你讲的正直人不一样：父亲为儿子隐瞒，儿子为父亲隐瞒。正直就在其中了。”

有人说到中国为什么法律意识这么淡薄时，把孔子的这句话作为论据之一。

中国政法大学刑事司法学院教授、刑法学研究所所长罗翔曾举过一个例子：有个叫张三的狂徒被抓，他自己把父母和妹妹都供出来，说家人包庇他。妹妹给他钱，让他跑路，等等。罗翔的问题来了：“法律应该制裁他的父母和妹妹吗？”

罗翔认为，法律不会制裁。理由是：法律是平衡的艺术，打击犯罪很重要，家庭关系的稳定也很重要，但如果两者发生冲突，家庭关系的稳定更重要。家庭是社会存在的根本基础。社会就是由无数个家庭组成的。

而且，《刑事诉讼法》里有一条：一个证人没有正当理由不出庭作证的，人民法院可以强制他到庭，但是被告人的配偶、父母、子女除外。亲人如果举报的话，是属于帮助犯罪嫌疑人自首。

事实上，从古代到近现代，从东方到西方，各种法律条文里都存在“亲亲相隐”的规定。但冲突依然存在。

2021 年年初，部分特朗普支持者闯入国会大厦。后来，司法介入，美国联邦调查局（FBI）公开呼吁美国民众举报“国会大厦暴力分子”，越来越多的美国人开始举报自己的亲人。

而对那些通过网络公开亲友身份或者向当局发送举报材料的人，《卫报》评价道：“特朗普主义再次狠狠地撕裂了美国。”

回到本章节，某人父亲偷羊，这不是非常严重的事情，不用“大义灭亲”，作为子女可以隐瞒，可以做其他的事情来补救，不用说出自己的父亲。

血缘的天然连接，使我们知道亲情和家庭的重要。如果人不断突破这些，可能不是法律之福，也不是社会之福。

（六）

13·20　子贡问曰："何如斯可谓之士矣？"子曰："行己有耻，使于四方，不辱君命，可谓士矣。"

曰："敢问其次。"曰："宗族称孝焉，乡党称弟焉。"

曰："敢问其次。"曰："言必信，行必果，硁硁然小人哉！——抑亦可以为次矣。"

曰："今之从政者何如？"子曰："噫！斗筲之人，何足算也？"

子贡问道："怎样才可以叫作士？"孔子说："自己做事有知耻之心，出使外国不辜负君王交付的使命，可以叫作士。"

子贡说："请问次一等的呢？"孔子说："宗族中都称赞他孝顺父母，乡里都称赞他尊敬兄长。"

子贡又问："请问再次一等的呢？"孔子说："说话守信用，做事很果决，坚硬得像块小石头一样，那是普通人啊。但也可以说是再次一等的了。"

子贡说："现在的执政者，您看怎么样？"孔子说："呀！这些器量狭小的人，哪里算数呢？"

子贡做外交官，在外交上非常厉害。孔子就针对性地教导他：“行己有耻，使于四方，不辱君命，可谓士矣。”“耻”非常重要。

中国文化是什么？是一种耻感的文化。孔子认为，人知耻才会有所不为。“行己有耻”，用羞耻心来约束自己的行为，它和法律不同，和别人的评价不同，它是内在的、自觉的对自己的提醒。这有点像德国思想家康德说的“内心的道德律”。

另外，“小人”并不是道德修养不好的人，是指一般老百姓。孔子把“今之从政者”贬低到比“小人”更低的地位，可见对“今之从政者”的失望。

（七）

13·28　子路问曰：“何如斯可谓之士矣？”子曰：“切切偲偲，怡怡如也，可谓士矣。朋友切切偲偲，兄弟怡怡。”

子路问：“怎样才可以叫作士？”孔子：“互相砥砺，和谐愉快，可以叫作士。朋友之间互相督促，兄弟之间彼此和睦。”

孔子对人的情感是很关注的。子路是个什么样的人呢？他有时候很有点暴脾气，孔子希望他能跟别人很好地相处。

宪问篇第十四

《论语·宪问》很多章节都是孔子品评人物。不是小人物，而是大人物。各诸侯国领导人、重要政治家，都在他品评的范围内。

孔子如果生活在今天，还会投身政治吗？还是做一档《世界风云》电视节目或者“曲阜电台”，品评天下大事？

有时候想象，孔子像某个北京出租车司机，天上地下、国内国外，从政治制度到人性弱点，无所不谈。孔子正坐在驾驶座上，而你就坐在他的右边或后座，你是他的乘客，他载你一程，他把心中所想都告诉你。

（一）

14·1　宪问耻。子曰："邦有道，谷；邦无道，谷，耻也。"

原宪问什么是可耻的。孔子说："国家有道，出来做官领俸禄。国家无道，仍然出来做官领俸禄，那就可耻了。"

在儒家里，在中国人的观念里，"耻"是非常重要的一个概念。所谓"礼义廉耻，国之四维"，但今天左右逢源、见风使舵、恬不知耻的人何其多也。

宪，就是原宪，也叫原思，他和子贡一样，是孔子的学生。原宪没有出来做官，退隐在草泽中，和隐士、平民一起生活。后来，子贡想念他，有一天兴师动众、排场很大地去见老同学，原宪破衣烂衫地走出来，子贡就关心地问："老同学，你怎么又贫又病？"

原宪说："我听说'无财谓之贫，学道而不能行者谓之病'，我没有病，只不过穷而已。"聪明如子贡，听了非常惭愧而难过。

（二）

14·2　子曰：“士而怀居，不足以为士矣。”

孔子说：“士如果老想念舒适安逸的生活，就不配做士。”

一般人可以怀居，可以老想着房子、车子、票子、位子等。但孔子说，士不可以。孔子对士的要求和对普通百姓不一样。因为士要“修身，齐家，治国，平天下”。

（三）

14·5　南宫适问于孔子曰：“羿善射，奡荡舟，俱不得其死然。禹、稷躬稼而有天下。”夫子不答。

南宫适出，子曰：“君子哉若人！尚德哉若人！”

南宫适向孔子问道：“羿擅长射箭，奡善于水战，都没有得到善终。禹和稷自己耕作庄稼，却得到了天下。”孔子没有回答。

南宫适退出去后，孔子说：“这个人是君子啊！这个人崇尚道德啊！”

和西方《荷马史诗》中非常孔武有力、充满个人英雄主义的英雄不同，中国传统意义上的英雄更多的不是孔武有力的人，而是充满集体主义精神，为国为民、满怀牺牲精神的人。

南宫适说出了我们心中英雄的形象：禹、后稷。前者是治水英雄，为民治水十三年，三过家门而不入；后者是周朝的祖先，教百姓种植庄稼，被尊为稷神、农神、耕神、谷神，是中华民族的农耕始祖，五谷之神。中国以农立国，农业非常重要，而水利对农业也很重要。因此，后稷和大禹都成为中国文化里的英雄。

在中国人的记忆深处，还能找到一些英雄形象，比如诸葛亮。他并不是孔武有力的人，但中国人欣赏他的镇定自若，料事如神，运筹帷幄；也敬佩他的鞠躬尽瘁、死而后已，公而忘私，一心为国。

就像孔子认为的那样，我们认为，那些逞一时之勇者，往往穷兵黩武、不得善终。

（四）

14·6　子曰："君子而不仁者有矣夫，未有小人而仁者也。"

孔子说："君子也会有不仁的时候，但没有小人是仁的。"

孔子严苛而诚实。他知道仁是长期的事情，总是很容易失掉。“君子而不仁者有矣夫”，一个人可以是君子，但离“仁者”的距离还很遥远。但小人，唯利是图，始终不可能为“仁”。

（五）

14·7　子曰：“爱之，能勿劳乎？忠焉，能勿诲乎？”

孔子说：“爱他，能不以勤劳相劝勉吗？忠于他，能不以善言来教诲他吗？”

鞭策他，勉励他，让他勤劳，才是真的爱他。用正道来规劝他，才是真正忠于他。忠，不是愚忠。爱，也不是溺爱。

《论语》里还有类似相同意义的句子，比如：“孔子曰：‘益者三友，损者三友：友直，友谅，友多闻，益矣；友便辟，友善柔，友便佞，损矣。’”再比如：“子夏曰：‘君子有三变：望之俨然，即之也温，听其言也厉。’”

人需要有畏友，这样才能勉励人、鞭策人，更容易发现自己的弱点和缺陷，促使自己更快地成长。伟大如孔子，也会被别人说，但他不怒反笑，说：“丘也幸，苟有过，人必知之。”

（六）

14·8　子曰：“为命，裨谌草创之，世叔讨论之，行人子羽修饰之，东里子产润色之。”

孔子说：“（郑国）发布外交文件，先由裨谌起草稿，再由世叔讨论内容，又由外交官子羽进行修改，最后东里子产在文词上加工润色。”

孔子在品评郑国的外交。裨谌、世叔、子羽、子产都是郑国的官员。而子产，是最著名、最有影响力的一个。我们在《论语》里和其他书籍里多次看到他的名字。

一份外交文件，需要经过郑国四个大夫的通力合作才能最后完成，如此慎重。这种认真与合作的精神应该为我们今天所效仿，所学习。

当今世界，各国较量，外交为前线。外交人员如何自处？

周恩来在外交上的功绩有目共睹，赢得来自各方的赞誉。基辛格在北京第一次见到周恩来，回去对尼克松说，周恩来可与戴高乐并列为他曾见过的“给人印象最深的外国政治家”。

尼克松觉得基辛格夸大了对手。等他真见到周恩来，他说：

“我意识到基辛格为什么这样非同寻常地赞扬他了。”

尼克松对周恩来还有一个评价，写在他自己的书《领袖们》里：

“‘伟大来自对细节的注意。’就周而言，这句箴言几乎确实有几分道理。然而，即使他在亲自护理每一棵树木时，也总能够看到森林。”

尼克松在《领袖们》中点评了自己交往的各国领袖，而对于周恩来，他给出了很高的评价。在一些人眼里，政治是黑暗的、肮脏的。在尼克松眼里，政治充满魅力，令人激动，它吸引那些最勇敢的弄潮儿在其中博弈，去探索未知的海洋，而不被它吞噬。

孔子也会部分地认同尼克松吧，要不然在那个时代他为何要如此辛苦地去投身政治？

（七）

14·9　或问子产。子曰：“惠人也。”

问子西。曰：“彼哉！彼哉！”

问管仲。曰：“人也。夺伯氏骈邑三百，饭疏食，没齿无怨言。”

有人问子产是什么样的人。孔子说：“施予恩惠的人。”

又问子西。孔子说：“他呀！他呀！”

又问管仲。孔子说：“他是个有才干的人，他剥夺了伯氏在骈邑的三百户采邑，使伯氏终生吃粗茶淡饭，可伯氏直到老死也没有怨言。”

孔子对三个重要的政治人物子产、子西还有管仲，分别做了评价。

孔子多次称颂管仲，可见他很重视事功。儒家是讲究“修身、齐家、治国、平天下”的儒家。

管仲剥夺了伯氏骈邑三百户采邑。伯氏被管仲弄得很惨，吃粗饭过活，到死都没有怨言，这个很难。这证明，管仲判决这个案子非常公正、合理，让伯氏心服口服。这可见管仲的“仁”。

（八）

14·37　子曰：“贤者辟世，其次辟地，其次辟色，其次辟言。”

孔子说：“贤人逃避恶浊乱世而隐居，其次是择地方而住，再其次是避开不好的脸色，再其次是避开恶言。”

贤者本不避世,而想在世上愉快地活着。但为何又要避世呢?

美国汉学家艾恺写了一本有关梁漱溟的书《这个世界会好吗?》。书名既非作者也非梁漱溟所创,而是梁漱溟父亲的遗言。梁漱溟的父亲梁巨川是晚清遗老,在民国七年(1918年)冬天投北京净业湖自尽,彼时离他68岁生日还有三天。

梁漱溟永远记得,在自尽前三天的那个清晨,他父亲问梁漱溟:"这个世界会好吗?"这是父亲留给他的最后的话。梁漱溟当时还不自知,他思考了一下回答:"我相信世界是一天一天往好里去的。"

米兰·昆德拉是捷克小说家,讲过一个故事:一个人想移民,不知道去哪个国家,移民局的人就给一个地球仪让他选,他说:"有没有另外一个地球?"

孔子说,贤者辟世,辟地,辟色,辟言。避开人世是一层一层的。"辟世"最难,然后"辟地",然后"辟色""辟言"。

孔子没有"辟世",他依然在世间行走。但他"辟地"了,他离开鲁国,从一个地方跑到另外一个地方,寻找机会。

"宪问篇"里面有一个有意思的现象,就是提到了一些隐士。"微子篇"也大量地提到了隐者。中国是有隐士文化的,"邦无道",他就隐了,"辟世"。

这章也表明孔子重生、全生的思想。"留得青山在,不怕没柴烧。”孔子不鼓励贤者投河自杀。

（九）

14·39　子击磬于卫，有荷蒉而过孔氏之门者，曰：“有心哉，击磬乎！”既而曰：“鄙哉！硁硁乎！莫己知也，斯已而已矣。深则厉，浅则揭。”

子曰：“果哉！末之难矣。”

孔子在卫国击磬，有一个挑着草筐的人从孔子门前经过，说：“你磬声里面有深意。”他停了一下又说：“听你这声音，你太执着了，没有人了解，独善其身就是了。水深的话，穿着衣裳走过去，水浅的话，撩起衣裳走过去。”

孔子说：“真坚决啊，我无话反驳他。”

很多人不了解孔子。孔子也说，不求别人知道，虽然他渴望知音。结果是一个来自民间底层的人听出了孔子的“弦外之音”，知音难得。

（十）

14·43 原壤夷俟。子曰：“幼而不孙弟，长而无述焉，老而不死，是为贼。”以杖叩其胫。

原壤蹲着等孔子。孔子说：“小时候不谦恭，长大了无所作为，老了还不死掉，这叫祸害啊。”说完，用手杖敲击他的小腿。

孔子的话要带到当时的语境里去理解。

原壤不是陌生人，而是孔子自幼熟识的故人。他为人放浪形骸，不守礼法。孔子责备他，是对一个老友的责备。

我们对领导、陌生人，可能还需要客气，需要保持一些距离，有些话不能说，但对旧友可以。所以，孔子说原壤“老而不死，是为贼”。当然，也有诙谐的语气。

怎样才是一个合格的朋友呢？可能我们的人生中需要一个“畏友”，你敬畏他。

我要是原壤，会很高兴，孔子没把我当外人。孔子说原壤“幼而不孙弟”，小时候也要懂礼，要努力去做，而不是放任自流。“长而无述焉”，就是年纪大了也要努力。人生都需要努力。

学生对孔子的印象是“温而厉”的。老师温和，但也“厉”，也会说一些狠话。

人需要有畏友，否则你的问题谁来指出？如果自己有这样的一个畏友，人生何幸！

卫灵公篇第十五

这篇的第一章节，是国君问孔子关于军事作战的事情，孔子不答。而最后一章，是孔子帮助一个盲人乐师，告诉他哪里是台阶，哪里是坐席。

打仗似乎是国家大事，但孔子不关心。而帮助残废孤苦之人这等琐细小事，孔子却如此热心。一前一尾，映照出孔子的真性情，真精神。

人应该如何为人处世？国家应该追求什么？一切不言而喻。

（一）

15·1　卫灵公问陈于孔子。孔子对曰：“俎豆之事，则尝闻之矣；军旅之事，未之学也。”明日遂行。

卫灵公向孔子询问排兵布阵的方法。孔子回答说：“祭祀礼仪方面的事情，我听说过。用兵打仗的事，却从来没有学过。”第二天，孔子就离开了卫国。

孔子周游列国，是为了宣传自己的理想。而他去过最多次、待的时间最久的一个国家，就是卫国，前后共十年。孔子喜欢卫国，因为卫国是鲁国的邻居，与鲁国同为姬姓国家，是为兄弟之国。所以《论语》也有一句话：子曰：“鲁卫之政，兄弟也。”而卫国吸引孔子，也因为那里有君子，有好友。我们今天去一个城市、或某个国家定居，一方面是被它的文明吸引，另一方面也因为那里有亲人、有朋友。

孔子呢？他在卫国的朋友，有蘧伯玉。蘧伯玉是卫国举世皆知的贤大夫，孔子一生的挚友。在孔子周游列国的十四年中，其中两次住蘧伯玉家，前后达九年。

孔子也有弟子来自卫国，比如他的得意门生子夏和子贡。卫国还有史鱼等一批不错的大臣，也是孔子欣赏的。

既然卫国这么好，孔子这么喜欢，孔子为什么说走就走？因为，卫灵公问孔子领兵打仗的事。孔子不是不懂军事，他很懂，但他对卫灵公这么问感到失望。一个无德的君王，整天想着搞武器，整天想用拳头让其他国家服软，孔子能帮他吗？孔子只能走了。他所有的努力都白费了。

（二）

15·7　子曰："直哉史鱼！邦有道，如矢；邦无道，如矢。君子哉蘧伯玉！邦有道，则仕；邦无道，则可卷而怀之。"

孔子说："正直啊，史鱼！国家有道，他像箭一样正直，国家无道，他还是像箭一样正直。君子啊，蘧伯玉！国家有道，出来做官，国家无道，他便隐退藏身。"

史鱼是卫国大夫，多次向卫灵公推荐蘧伯玉。但屡次进谏，卫灵公始终不采纳。后来，史鱼得了重病，临死前对儿子说："我在卫朝做官，却不能够进荐贤德的蘧伯玉而劝退小人弥子瑕。我见贤不能进，见不肖不能退，死后没有资格把灵堂放在正堂，你把我尸体放在窗下，这样就算完成丧礼了。”

儿子只能照办。史鱼死后，卫灵公来吊唁，看见史鱼的遗体放在窗下，因此责问史鱼的儿子。史鱼的儿子把他父亲的遗言汇报给国君。卫灵公深为震动,马上命令把史鱼的遗体安放在正堂，并立即重用蘧伯玉，疏远并辞退了弥子瑕。

这就是“史鱼尸谏”的故事。

在这章里，面对有道和无道，史鱼和蘧伯玉的处理方式是不一样的。前者是言行一致，刚正不二；后者是懂得等待时机，学会保全自己。但孔子对史鱼和蘧伯玉都非常赞叹，甚至可能孔子还更倾向于后者。

就孔子而言，他在鲁国施展不了抱负，就去往别国，寻找机会，等待时机。他从政之路最后走不通，就回鲁国搞教育。他把自己的学生都培养出来，有的从政，有的从军，有的从商，也有继续从事教育的。这也间接地改变了整个社会和时代的风气和环境。孔子不会去做无谓的牺牲，不主张白白牺牲生命。

（三）

15·8　子曰:“可与言而不与之言，失人；不可与言而与之言，失言。知者不失人，亦不失言。”

孔子说：“可以和他谈话但没有与他谈，这是错失了人才；不可与他谈话却与他谈了，这是说错了话。聪明的人不错过人才，也不说错话。”

失言和失人，这两种现象都很常见。

对于不该交谈的人，一句话都不要多说。但有时候，碰到想交谈的人，出于各种各样的原因、顾虑、忌讳，没有说，我们可能会后悔终生，因为我们可能从此错失一个深入交谈的机会，甚至错失一个朋友、一个知己、一位爱人。

马尔克斯在晚年写过一篇有关海明威的回忆文章。

那是1957年巴黎一个下着春雨的日子，海明威和妻子经过圣米歇尔大道。彼时28岁的报社年轻记者马尔克斯正在巴黎大街上游荡，他一下子就认出了这位文学大师。海明威是对马尔克斯的写作技巧影响最大的人。他激动得不知如何是好，他想打招呼，又有些犹豫，而机会稍纵即逝。就在海明威将要消失在眼前时，他向着对街的人行道大喊了一声：“艺——术——大——师！”海明威明白，在人群中不会有第二个大师，便转过头来，举起手回应：“再见了，朋友！”这是年轻的马尔克斯和大师海明威唯一的对话。此后，马尔克斯再也没见过海明威。

四年后，1961年，海明威举枪自尽。

这次偶遇，这次近距离隔空的短暂对话，构成了文学史上最激动人心的画面之一。很多年后，马尔克斯自己也成了大师。在回忆文章中，他写道，他感到一种命运的眷顾，让他遇到海明威，他“留给我一种感觉，曾经有什么已经出现在我的生命里，而且从来没有消失过”。

沈从文有一部小说叫《边城》，讲述一段沉默的爱情。两个人，在极美的风景之中相爱，却彼此沉默。他们默默喜欢，固执地一心等着对方开口，最后女孩爱的男孩走了。

《边城》是这么结尾的：“这个人也许永远不回来了，也许‘明天’回来。”

这就是“失人”。

（四）

15·9　子曰：“志士仁人，无求生以害仁，有杀身以成仁。”

孔子说：“志士仁人，不会为了求生损害仁，却能牺牲生命去成就仁。”

孔子热爱生命，总是主张人应该全其身，如“危邦不入，乱邦不居”等，但在面对“仁”时，则没有丝毫的苟且，因为“仁”

是至高的道德境界。这种“杀身以成仁”的精神激励了后世无数仁人志士。

东汉有个大臣叫范滂，非常正直。后来因为一桩冤案，朝廷要抓他。县令不抓他，觉得他是被冤枉的。虽然县令不抓他，他却自己去赴死，但放心不下母亲。母亲劝他：“你没有遗憾了，你不要为母亲担心。”范滂就赴死了，死时 33 岁。

宋代苏轼小时候读到了史书中记载的这一段，非常感动。他对母亲说：“母亲，我能做范滂吗？”母亲就跟他说：“你能做范滂，我就不能做范滂的母亲吗？”

“志士仁人，无求生以害仁，有杀身以成仁。”念念不忘，必有回响。

（五）

15 · 10　子贡问为仁。子曰：“工欲善其事，必先利其器。居是邦也，事其大夫之贤者，友其士之仁者。”

子贡问怎样修养仁德。孔子说：“工匠要做好工作，必须先磨快工具。住在一个国家，要敬奉大夫中的贤人，与士人中的仁人交朋友。”

（六）

15·11　颜渊问为邦。子曰：“行夏之时，乘殷之辂，服周之冕，乐则《韶》《舞》。放郑声，远佞人。郑声淫，佞人殆。”

颜渊请教治理国家的办法。孔子说：“依循夏代的历法，乘坐殷朝的车子，戴着周朝的礼帽，音乐就用《韶》和《武》。舍弃郑国的音乐，远离阿谀的小人。郑国的音乐是靡靡之音，小人会带来危险。”

孔子是有选择性的，不是拿来主义的。

孔子不是一个保守主义者，不像现在一些人碰到什么都要抵制。如果孔子保守、抵制，那么就没必要提夏代、殷代了，全部都是周代的就可以了。以往的好东西为什么不继承呢？所有东西都可以拿来用。

（七）

15·17　子曰：“群居终日，言不及义，好行小慧，难矣哉！”

孔子说：“一群人整天聚在一块，不谈正经事，专好卖弄小聪明，很难办啊！”

孔子聊到群体。我们也生活在各种群体当中。我们一个人可能都身处好几种群体，妈妈群、闺蜜群、跑步群、汉服群、高中群、记者群……望以孔子的这句话作为群的座右铭。

（八）

15·31　子曰：“吾尝终日不食，终夜不寝，以思，无益，不如学也。”

孔子说：“我曾经整天不吃饭，彻夜不睡觉，去左思右想，结果没有什么好处，还不如去学习为好。”

孔子也有这样的时候，终日不食，终夜不寝，他也熬夜。

孔子讲究学思并进，就是既要学习，也要思考。《论语》里还有一句，可作补充：“学而不思则罔，思而不学则殆。”

现在的一些学校，照本宣科，学生既不问，也不思，只会照本宣科、背诵标准答案，怎么学习？

（九）

15·42　师冕见，及阶，子曰："阶也。"及席，子曰："席也。"皆坐，子告之曰："某在斯，某在斯。"

师冕出。子张问曰："与师言之道与？"子曰："然，固相师之道也。"

师冕来见孔子，走近台阶，孔子说："这是台阶。"走近座席，孔子说："这是座席。"大家都坐下，孔子告诉他说："某人在这里，某人在这里。"

师冕走出来，子张问道："刚才和盲人乐师这么交谈，是道吗？"孔子说："是的，这本来就是帮助盲人乐师的道。"

孔子对学生言传身教。此章，就是孔子最好的身教。

而在孔子和儒家看来，"道"本不玄奥、抽象，它体现在日常生活中，也从每个人的行为中反映出来。

图书在版编目（C I P）数据

人生有惑读论语 / 为你读诗主编 ; 湘人彭二著 ;
朱卫东朗诵 . -- 长沙 : 岳麓书社 , 2023.12
ISBN 978-7-5538-1909-9

Ⅰ . ①人… Ⅱ . ①为… ②湘… ③朱… Ⅲ . ①《论语
》 Ⅳ . ① B222.2

中国国家版本馆 CIP 数据核字 (2023) 第 154182 号

RENSHENGYOUHUO DULUNYU

人生有惑读论语

主　　编　为你读诗
著　　者　湘人彭二
朗 诵 者　朱卫东
出 品 方　中南出版传媒集团股份有限公司
　　　　　上海浦睿文化传播有限公司
　　　　　上海市万航渡路 888 号开开大厦 15 层 A 座（200042）
责任编辑　刘丽梅
装帧设计　尚燕平
责任印制　王　磊

岳麓书社出版发行
地　　址　湖南省长沙市爱民路 47 号
直销电话　0731-88804152　0731-88885616
邮　　编　410006

2023 年 12 月第 1 版第 1 次印刷
开　　本　880mm×1230mm　1/32
印　　张　8
字　　数　141 千字
书　　号　978-7-5538-1909-9
定　　价　56.00 元
承　　印　河北鹏润印刷有限公司

联合出品：为你读诗 · 鲸歌
出 品 人：陈　垦　张　炫
策　　划：于　欣
监　　制：余　西
出版统筹：胡　萍
编　　辑：靳田田
封面设计：尚燕平
美术编辑：张王珏

欢迎出版合作，请邮件联系：insight@prshanghai.com
新浪微博 @ 浦睿文化